Powerkurs für Anfänger
SPANISCH

von

Susana Chiabrando

Sigrid Horschitz

Angels Valera

Ernst Klett Sprachen

Barcelona • Belgrad • Budapest • Ljubljana • London • Posen

Prag • Sofia • Stuttgart • Zagreb

PONS
Powerkurs für Anfänger
SPANISCH

von
Susana Chiabrando, Sigrid Horschitz und Angels Valera

Dieses Werk ist inhaltlich identisch mit *PONS Powerkurs für Anfänger Spanisch*,
ISBN 3-12-561098-2.

1. Auflage A1 5 4 3 2 1 / 2007 2006 2005

Internet: www.pons.de
E-Mail: info@pons.de

Redaktion: Anni Faugère, Susanne Buttler
Logoentwurf: Erwin Poell, Heidelberg; Überarbeitung: Sabine Redlin, Ludwigsburg
Einbandgestaltung: deutschewerbeagentur
Titelfoto: Vlado Golub, Stuttgart
Layout/Satz: Angelika Völker, Stuttgart; Satz & mehr, Besigheim
Illustrationen: Zaü
Druck: Druckerei zu Altenburg, Altenburg
Printed in Germany.
ISBN: 3-12-561187-3

Willkommen

Sie möchten schnell Spanisch lernen und Spaß dabei haben.

Der Powerkurs für Anfänger

- ist unterhaltsam und motivierend,
- führt Sie schnell und sicher in die Sprache ein.

Sie hören eine witzige Fortsetzungsgeschichte über einen Radiosender, in dem einiges schief läuft. Dabei lernen Sie erst einmal das gesprochene Spanisch verstehen. Hinzu kommt das Wichtigste aus der Grammatik. Sie üben den Wortschatz, den Sie in Spanien brauchen, und erfahren Nützliches und Amüsantes über das Land und seine Bevölkerung.

Wie lernen Sie mit dem Powerkurs für Anfänger?

- Lesen Sie jede Lektion mehrmals; hören Sie die Kassette/CD immer und immer wieder an.

- Auch wenn Sie nicht alles im Detail verstanden haben: Gehen Sie nach einiger Zeit zur nächsten Lektion über, denn etwaige Unklarheiten lösen sich von selbst, wenn Sie etwas weiter sind.

- Lernen Sie regelmäßig und in kurzen Etappen. Lieber täglich 15 Minuten als einmal in der Woche 2 Stunden!

Aufbau des Kurses

Der Kurs besteht aus 10 Lektionen. Eine Lektion umfasst zwei oder drei Lerneinheiten (a, b, c) und eine Übungsphase. Verweilen Sie nicht zu lange bei einer einzelnen a-, b- oder c-Lerneinheit, denn Sie erhalten am Ende jeder Lektion nochmals die Gelegenheit, das Erlernte zu wiederholen und zu festigen.
Am Ende des Buches finden Sie eine Übersicht zur gelernten Grammatik, ein Glossar sowie die Übersetzung der einzelnen Dialoge und die Lösungen zu den Übungen.
Auf der Kassette bzw. CD folgt nach jedem Dialog der „Überlebenswortschatz". Dabei hören Sie das Wort oder die Wendung zuerst auf Deutsch, dann auf Spanisch und dann folgt eine Pause, in der Sie die spanische Version nachsprechen sollen. Am Ende jeder Lektion finden Sie außerdem einige spezielle Übungen zur spanischen Aussprache.

Texte, Ausdrücke und Übungen, die mit diesem Symbol gekennzeichnet sind, finden Sie auf der Kassette bzw. CD.

Aufbau einer Lerneinheit

Dialog
Lesen Sie im Buch die deutsche Einleitung zum Dialog; hören Sie dann mindestens zweimal den Dialog an, ohne ins Buch zu schauen. Hören Sie schließlich den Dialog, während Sie ihn im Buch mitlesen.

Wortschatz
Auf der rechten Seite neben dem spanischen Dialog sind alle neuen Ausdrücke mit ihrer deutschen Übersetzung aufgelistet. Wenn Sie in dieser Wortliste ein Wort nicht finden, kam es in einer früheren Lektion vor. Suchen Sie es dann im alphabetischen Wortindex am Ende des Buches.

Grammatik
Die Bestandteile einer Sprache greifen wie ein Puzzle ineinander. Unter dem „Puzzle-Zeichen" werden Ihnen die wichtigsten Grammatikphänomene erklärt. Die Verweise am Seitenrand (z. B. §13.1/166↑) zeigen Ihnen, in welchem Paragraphen und auf welcher Seite im Grammatikanhang Sie das Grammatikphänomen nochmals im Überblick nachschlagen können.

Übung
Ergreifen Sie nun die Übungs-Hantel, um zu überprüfen, ob Sie die Grammatik verstanden und einige der neuen Wörter gelernt haben.

Tipp: Lesen und hören Sie noch einmal den Dialog. Falls Sie Verständnisschwierigkeiten haben, ziehen Sie jetzt die Übersetzung im Anhang des Buches zu Rate. Sprechen Sie dann jeden spanischen Satz laut nach; so lernen Sie die Aussprache am besten.

Überlebenswortschatz
Steuern Sie auf der Kassette/CD das Ende der Einheit an, die Sie gerade bearbeiten. Dort finden Sie den zusätzlichen Wortschatz zu der jeweiligen Lektion – im Buch mit dem „Rettungsring" gekennzeichnet – , der Ihnen das „Überleben" in Spanien einfacher macht. Beim ersten Anhören lesen Sie im Buch mit. Danach werden Sie auch ohne schriftliche Stütze die „Überlebenswörter" üben können. Sprechen Sie die Ausdrücke laut nach, das ist wichtig!

Landeskunde
Neben dem „Landschaftszeichen" finden Sie Informationen zur spanischen Kultur.

Viel Spaß und Erfolg!

Inhaltsverzeichnis

Die Buchstaben im Inhaltsverzeichnis beziehen sich auf die verschiedenen Lektionsteile.

a) Grammatik   b) Überlebenswortschatz   c) Landeskunde

1a Radio Metrópolis

Wir hören „Radio Metrópolis", den Madrider Rundfunksender, mit seinem Ratespiel „¿Qué es? ¿Dónde está?"
Der Spielleiter begrüßt die erste, etwas nervöse Kandidatin:

Locutor:	Buenas noches. Estamos en Radio Metrópolis, en Madrid, con el concurso «¿Qué es? ¿Dónde está?». Nuestra primera participante... ¡Hola! ¿Qué tal? ¿Cómo estás?
Participante:	Bien, gracias.
Locutor:	¿Nerviosa?
Participante:	Sí, estoy un poco nerviosa.
Locutor:	¡Tranquila, mujer!

el locutor	der Sprecher	**¡hola!**	Hallo! Tag!
¡buenas noches!	guten Abend!	**¿qué tal?**	wie geht's? *(nicht wörtlich zu übersetzen)*
estamos	wir sind	**¿cómo?**	wie?
la radio	das Radio	**¿cómo estás?**	wie geht es dir?
en Madrid	in Madrid	**bien**	gut
con	mit, bei	**gracias**	danke
el concurso	das Quiz, der Wettbewerb	**nervioso**	nervös *(männl.)*
¿qué?	was?	**nerviosa**	nervös *(weibl.)*
¿qué es?	was ist das?	**sí**	ja
¿dónde?	wo?	**estoy**	ich befinde/ fühle mich; ich bin
¿dónde está?	wo befindet (es) sich?	**un poco**	ein wenig
nuestro	unser	**tranquilo**	ruhig *(männl.)*
nuestra	unsere	**tranquila**	ruhig *(weibl.)*
primero	erster	**la mujer**	die Frau
primera	erste	**¡tranquila, mujer!**	keine Angst, Mädchen!
la participante	die Kandidatin, Teilnehmerin		

••• Ja, in Spanien geht man ganz locker miteinander um und duzt sich sofort:

¿Cómo estás? *Wie geht es dir? Wie fühlst du dich?*

Dass der Sprecher „du" sagt, erkennen Sie auf Spanisch an der Verbendung -s, wie bei estás. Daraus ergibt sich eine enorme Vereinfachung: Normalerweise verzichten die Spanier auf die Personalpronomen. Hier z. B. auf das Wort tú – *du*. Auch die anderen Personen (ich, er, wir, usw.) kann man direkt aus dem Verb erschließen.

Personalpronomen

§16.1/170

Singular		Plural	
yo	ich	**nosotros, nosotras**	wir*
tú	du	**vosotros, vosotras**	ihr*
él, ella	er, sie	**ellos, ellas**	sie*

* Im Plural unterscheidet man zwischen männlichen (Endung -os) und weiblichen (Endung -as) Personalpronomen.

z.B.:	nosotr**as**:	wir	(ausschließlich Frauen)
	nosotr**os**:	wir	(ausschließlich Männer oder auch eine gemischte Gruppe)

••• Sicher haben Sie schon gemerkt, dass das Verb estar – *sich befinden, sein* besonders häufig vorkommt:

§6.1/156	Estamos en Madrid.	*Wir befinden uns in Madrid.*
	¿Dónde está?	*Wo befindet (es) sich?*
§14/169	¿Cómo estás?	*Wie geht es dir?*
	Estoy nerviosa.	*Ich bin nervös.*

••• Hier nun alle Präsensformen von estar im Überblick:

estar – (sein, sich befinden) – Präsens

(yo)	**estoy**	ich bin	(nosotros/nosotras)	**estamos**	wir sind
(tú)	**estás**	du bist	(vosotros/vosotras)	**estáis**	ihr seid
(él, ella)	**está**	er, sie ist	(ellos/ellas)	**están**	sie sind

§16.1/170

••• Wenn man ältere Menschen höflich ansprechen will, benutzt man usted, ein altertümlich klingendes Wort, das von Vuestra Merced – *Euer Gnaden* kommt. Heute entspricht es unserem nüchternen „Sie". Die Verbform nehmen Sie von der 3. Person Singular, wenn Sie nur mit einer Person sprechen, von der 3. Person Plural, wenn Sie mit mehreren Personen sprechen. Im Plural wird dann usted zu ustedes:

usted – ustedes

(usted)	está en Madrid	Sie sind (= eine Person)	in Madrid
(ustedes)	están en Madrid	Sie sind (= mehrere Personen)	in Madrid

A: Probieren Sie nun die Formen von *estar* aus, wie in unserem Beispiel.

(yo, estar) en Radio Metrópolis. — *Estoy en Radio Metrópolis.*

1. (tú, estar) tranquilo. ....
2. (él, estar) nervioso. ....
3. ¿Cómo (vosotros, estar)? ....
4. (yo, estar) bien. ....
5. ¿Dónde (usted, estar)? ....
6. ¿Dónde (ustedes, estar)? ....

Sie sind nun in Spanien ...

Sie wollen jemanden begrüßen:

buenos días	guten Morgen/guten Tag
buenas tardes	guten Tag/guten Abend
buenas noches	guten Abend/gute Nacht

Auf die Frage: ¿Cómo está? (Wie geht es Ihnen?) können Sie noch antworten:

(muy) bien	(sehr) gut	más o menos	es geht so
regular	so lala	fatal	mies

B: Jetzt haben Sie bestimmt Lust, das alles mal selbst auszuprobieren. Wie können Sie auf Spanisch sagen ...?

1. Hallo, wie geht es dir?
2. Danke, mir geht es gut.
3. Wo seid ihr?
4. Wir sind in Madrid.
5. Ist die Kandidatin in Madrid?
6. Ja, sie ist in Madrid.
7. Guten Abend. Sind Sie nervös?
8. Ja, ein bisschen.

Begrüßungsformeln

Wann sagt man nun **buenos días**, **buenas tardes** oder **buenas noches**?

Eine Orientierungshilfe können die Essenszeiten geben. Beachten Sie dabei allerdings, dass diese Zeiten stark von den unsrigen abweichen: Man isst zu Mittag zwischen 14 und 15 Uhr, und das Abendessen nimmt man zwischen 21 Uhr 30 und 22 Uhr 30 ein.

Man grüßt mit **buenos días** bis ca. 13 Uhr. Spätestens ab dem Mittagessen geht man zu **buenas tardes** über und bleibt dabei bis ca. 21 Uhr. Ab 21 Uhr, spätestens aber nach dem Abendessen, freut man sich über Ihr **buenas noches.**

Tipp: Merken Sie sich, wie man Sie grüßt, und grüßen Sie genauso zurück.

Übrigens: vor 21 Uhr brauchen Sie es im Restaurant erst gar nicht zu versuchen – es wird noch nicht serviert. Und vor 22 Uhr haben Sie, zusammen mit anderen Ausländern, das halbe Lokal für sich!

1b Ein Ratespiel

Der Spielleiter bittet unsere Kandidatin sich vorzustellen: Vorname, Geburtsort, Beruf ... Dann kann das Spiel anfangen.

Locutor:	Tu nombre es...
Participante:	Mari Luz.
Locutor:	Y eres...
Participante:	Soy andaluza, de Sevilla.
Locutor:	¿Estudias o trabajas, Mari?
Participante:	Soy estudiante.
Locutor:	Bueno, el concurso no es difícil. ¿Qué es y dónde está? ¿Comprendido?
Participante:	Sí, vale.

tu	dein	**o**	oder
el nombre	der Name	**¿trabajas?**	arbeitest du?
es	er, sie, es ist	**el estudiante**	der Student
y	und	**la estudiante**	die Studentin
eres	du bist	**bueno**	nun gut
soy	ich bin	**difícil**	schwierig
andaluz	Andalusier	**no es difícil**	es ist nicht schwierig
andaluza	Andalusierin		
de Sevilla	aus Sevilla	**comprendido**	verstanden
¿estudias?	studierst du?	**vale**	einverstanden

••• Noch ein Verb, das „sein" bedeuten kann: nicht estar, sondern ser.

§6.1/156
§14/169

ser – (sein) – Präsens

(yo)	**soy**	*ich bin*
(tú)	**eres**	*du bist*
(él, ella, usted)	**es**	*er/sie ist, Sie sind*
(nosotros/-as)	**somos**	*wir sind*
(vosotros/-as)	**sois**	*ihr seid*
(ellos/ellas)	**son**	*sie sind, Sie sind*

Wann können Sie nun ser nehmen? Wenn Sie Ihren Namen, Ihren Geburtsort, Ihren Beruf angeben, von der charakteristischen Eigenschaft einer Sache bzw. einer Person sprechen oder einen unpersönlichen Ausdruck: es difícil – *es ist schwierig* verwenden wollen.

Tu nombre es ...	Dein Name ist ...
Soy estudiante.	Ich bin Studentin.
No soy de Sevilla.	Ich bin nicht aus Sevilla.
No es difícil.	Es ist nicht schwierig.
Es nerviosa.	Sie ist nervös / eine nervöse Frau.

••• Also zwei Verben, um „sein" zu übersetzen: ser und estar. Wie umständlich! Aber Sie werden am folgenden Beispiel sehen, dass es eigentlich ganz praktisch ist, um Missverständnisse zu vermeiden:

Está nerviosa.	*Sie ist nervös (im Augenblick).*
Es nerviosa.	*Sie ist nervös (als Typ; charakteristisch für sie).*

Und das ist ja schon ein großer Unterschied!

●●● Haben Sie schon gemerkt, wie einfach die Verneinung geht?

§17/175

No es difícil. — Das ist nicht schwer.

Einfach no vor das Zeitwort. Und das Pronomen „das" spart man sich übrigens auch hier:

Es difícil. — Das ist schwer.

A: Üben Sie zuerst das Verb *ser*:

1. ¿De dónde .... tú, Mari Luz?

   Yo .... de Sevilla.

2. ¿De dónde .... el locutor?

   .... de Madrid.

3. Mari Luz y el locutor .... de España.

4. Y vosotros, ¿de dónde ....?

   .... de Alemania.

Und nun sind Sie die Kandidatin; Sie können mit Ihren eigenen Daten antworten:

1. ¿Tu nombre es Mayerling?	No, no ...., es ....
2. ¿Eres de Sevilla?	No/Sí, ...
3. ¿Estudias?	No/Sí, ...
4. ¿El concurso es difícil?	No/Sí, ...
5. ¿Estás nerviosa?	No/Sí, ...

Sie sind nun in Spanien ...

Sie stellen sich vor:

Mi nombre es...	Mein Name ist ...
No soy de España.	Ich bin nicht aus Spanien.
Soy de Alemania.	Ich bin aus Deutschland.
Soy de Stuttgart.	Ich bin aus Stuttgart.
Soy empleado.	Ich bin Angestellter.
Soy empleada.	Ich bin Angestellte.
Trabajo en Hamburgo.	Ich arbeite in Hamburg.
Hamburgo está en el norte.	Hamburg liegt im Norden.
Constanza está en el sur.	Konstanz liegt im Süden.

Dresden está en el este. Dresden liegt im Osten.
Colonia está en el oeste. Köln liegt im Westen.
¿De dónde es usted? Woher kommen Sie?
¿Su nombre, por favor? Ihr Name, bitte?

B: Und nun ein bisschen Geographie: Ergänzen Sie die Sätze mit Hilfe unserer Landkarte:

¿Dónde está ...?
Sevilla...
Vigo...
Valencia...
San Sebastián...

Comunidades und Sprachen

Mari Luz aus Sevilla ist Andalusierin, d. h. sie kommt aus der autonomen Region Andalusien **(Andalucía)**. Es gibt in Spanien noch 16 weitere solche Regionen, deren offizielle Bezeichnung **Comunidades Autónomas** lautet. Dazu gehören z. B. Katalonien **(Catalunya)**, Galicien **(Galicia)** und das Baskenland **(Euskadi)**, in denen nicht nur Spanisch, sondern als eigenständige Sprachen Katalanisch **(catalán)**, Galicisch **(gallego)** bzw. Baskisch **(euskera)** gesprochen wird.

1c Das Spiel beginnt ...

Auf die Plätze ...
Der Spielleiter stellt die ersten Fragen: Er beschreibt ein spanisches Bauwerk und die Kandidatin muss erraten, um welches es sich handelt und wo es sich befindet.

Locutor: ¿Preparada para las preguntas?
Participante: ¡Claro!
Locutor: Entonces, aquí está la primera. El arquitecto es Gaudí. Es un monumento religioso.
Participante: Es la Iglesia de la Sagrada Familia y está en Barcelona.
Locutor: ¡Correcto! Segunda pregunta. Es un monumento con arcadas, de la época romana. Está en una ciudad cerca de Madrid.
Participante: Es el acueducto de... de...
Locutor: ¿Dónde? ¿Dónde está?... ¡Vaya! Lo siento. Es el acueducto de Segovia.

preparado,-a	bereit
para	für
la pregunta	die Frage
claro	klar
entonces	also, dann
aquí	hier
el arquitecto	der Architekt
Gaudí	*katalanischer Architekt des Modernismus*
el monumento	das Monument
un monumento	ein Monument
religioso,-a	religiös
la iglesia	die Kirche
la Sagrada Familia	die Heilige Familie
correcto,-a	richtig, korrekt
segundo,-a	zweiter, zweite
las arcadas	die Arkaden
la época	die Epoche
romano,-a	römisch
la ciudad	die Stadt
una ciudad	eine Stadt
cerca de	in der Nähe von
el acueducto	der Aquädukt
¡vaya!	na so was! schade!
lo siento	es tut mir Leid
sentir	bedauern

••• Für die Frage- und Ausrufesätze haben sich die Spanier etwas Exklusives einfallen lassen: Sie nehmen jeweils zwei Zeichen; eines für das Satzende, ganz banal, und eines, auf den Kopf gestellt, für den Satzanfang:

¿Dónde está**?**	*Wo ist es?*
¡Claro**!**	*Klar!*

••• Sicher haben Sie gemerkt, dass es im Spanischen nur männliche und weibliche Substantive gibt: §2/152

el nombre	*der Name*
la mujer	*die Frau*

Also, schon wieder gespart: sächliche Substantive (z. B. das Kind) gibt es nicht. So brauchen Sie auch nur zwei Artikel zu lernen – natürlich beide in der Einzahl und Mehrzahl:

Bestimmter Artikel

§1/151

	Singular	Plural
männlich	**el**	**los**
weiblich	**la**	**las**

••• Dasselbe gilt auch für die unbestimmten Artikel (ein, eine ...)

§1/151 **Unbestimmter Artikel**

	Singular
männlich	**un**
weiblich	**una**

§2/152 Tipp: Immer gleich zum Wort den Artikel lernen, auf „der" oder „die" im Deutschen können Sie sich nicht verlassen! Aber falls Sie mal raten müssen: Die Wahrscheinlichkeit ist groß, dass die Wörter, die auf -o enden, männlich und die auf -a weiblich sind.

Dazu einige Beispiele:

el concurso	*das Quiz*
los arquitectos	*die Architekten*
la pregunta	*die Frage*
las iglesias	*die Kirchen*
un monumento	*ein Monument*
una ciudad	*eine Stadt*

A: Üben Sie nun ...

den unbestimmten Artikel:

el acueducto	*un*	acueducto
la familia	....	familia
la pregunta	....	pregunta
el concurso	....	concurso

den bestimmten Artikel:

el nombre	*los*	nombres
la estudiante	....	estudiantes
el estudiante	....	estudiantes
la época	....	épocas

Der Plural der Substantive wird später geübt. Nur Geduld!

Sie sind nun in Spanien ...

Sie wollen von der Stadt erzählen, in der Sie leben:

cerca de Munich	in der Nähe von München
lejos de Berlin	weit von Berlin
es una ciudad grande /	es ist eine große /

pequeña	kleine Stadt
es un pueblo	es ist ein Dorf
hay ...	es gibt (dort) ...
un parque	einen Park
un museo interesante	ein interessantes Museum
mucha industria	viel Industrie
monumentos	Monumente
una calle tranquila / bonita	eine ruhige / schöne Straße
aquí	hier
allí	dort

B: Setzen Sie den bestimmten Artikel ein:

la iglesia

.... industria

.... museo

.... arquitecto

.... parque

.... calle

.... pueblo

Sehenswürdigkeiten

Spanien bietet viele kunsthistorische Sehenswürdigkeiten. Sowohl die Römer, die u. a. das Aquädukt von Segovia bauten, als auch die Araber, die 700 Jahre im Land waren, hinterließen großartige Bauwerke, wie z. B. die **Alhambra** von Granada. Die Araber übten auch einen starken Einfluss auf die Wissenschaft aus, und noch heute zeugen die vielen arabischen Wörter im Spanischen von ihrem kulturellen Einfluss.

Was die Moderne angeht, ein Tipp: Schauen Sie sich in Barcelona nicht nur die **Sagrada Familia** und den **Parque Güell** von Gaudí an, sondern auch die eindrucksvollen Bürgerhäuser im Stadtviertel **Eixample**, dem sogenannten „Goldenen Quadrat" im Zentrum Barcelonas. Sie wurden im modernistischen Stil (dieser ähnelt dem Jugendstil) von Antoní Gaudí und anderen bekannten Architekten Anfang des Jahrhunderts gebaut.

Mit Ihrer Kassette/CD:

A: Hören und lesen Sie noch einmal jeden Mini-Dialog (1a, 1b, 1c).

B: Hören Sie und wiederholen Sie:

a) ¡Hola! – ¿Qué tal? – ¿Cómo estás? – Bien, gracias. – Mi nombre es Mari Luz. – Soy andaluza.

b) gracias – nerviosa – Sevilla – Barcelona.

C: Erinnern Sie sich an die Ausdrücke in „Sie sind nun in Spanien"? Sprechen Sie sie nach! (Den Text dazu finden Sie auf den Seiten 11, 14 und 18.)

D: Hören Sie noch einmal die gesamte Einheit 1.

Überprüfen Sie nun, was Sie schon können:

E: Setzen Sie das passende Wort ein:

estáis – están – estás – estamos – está

¿Cómo .... tú?

Bien. Gracias. Y usted, ¿cómo .... ?

¿Tus padres .... bien?

Sí, y vosotros, ¿cómo .... ?

Nosotros .... muy bien.

F: Setzen Sie das passende Wort ein:

soy – somos – es – sois – eres

¿Y tú, Pedro, de dónde .... ?

.... de Barcelona. ¿Y tú?

¿Vosotros .... estudiantes?

¿Nosotros? Sí, ... estudiantes.

¿Y usted? ¿ .... estudiante también?

G: Duzen oder siezen? Wählen Sie in folgenden Sätzen zwischen **tú** und **usted**:

	tú	usted
¿Cómo está?	☐	☐
¿Eres de Barcelona?	☐	☐
¿Estás en el café?	☐	☐
¿Está nervioso?	☐	☐
¿Es estudiante?	☐	☐

H: Setzen Sie den unbestimmten Artikel **un** oder **una** ein:

.... concurso – .... iglesia – .... ciudad – .... pregunta –

.... monumento – .... acueducto.

I: Verbinden Sie jede Frage mit der entsprechenden Antwort:

1. ¿De dónde sois?	a. Bien. Gracias.
2. ¿Qué es?	b. Somos de Madrid.
3. ¿Cómo está?	c. Está en Bilbao.
4. ¿Dónde está?	d. Es una iglesia.

2a Wie bitte?

Jetzt geht das Spiel in die Endrunde. Der heutige Kandidat ist Rentner und wohnt in einem belebten Viertel von Madrid. Er ist schon etwas älter und hört nicht mehr sehr gut.

Locutor:	Estamos en la fase final del concurso «¿Qué es? ¿Dónde está?» El participante de hoy es don Jaime del Prado. Don Jaime, creo que es usted de Madrid.
Don Jaime:	Madrileño, por supuesto.
Locutor:	¿Y dónde vive, don Jaime?
Don Jaime:	¿Cómo?
Locutor:	Que ¿dónde vive?
Don Jaime:	Vivo en Chamberí, en la calle Alonso Cano.
Locutor:	¿Y trabaja?
Don Jaime:	Sí, claro.
Locutor:	¿Y dónde trabaja?
Don Jaime:	¿Dónde qué?
Locutor:	Que ¿dónde trabaja usted?
Don Jaime:	¿Trabajar yo? ¡Pero si estoy jubilado!

la fase	Phase, Runde	**madrileño,-a**	aus Madrid
final	End-	**por supuesto**	natürlich
del *(= de + el)*	von dem/der	**vivir**	leben
hoy	heute	**la calle**	Straße
don, doña	Herr, Frau ...	**pero**	aber
creer	glauben	**si**	wenn, doch
que	dass	**jubilado,-a**	Rentner/in

••• Gott sei Dank sind nicht alle spanischen Verben so kompliziert wie das Verb „sein"! Für das Präsens brauchen Sie nur den Infinitiv zu beachten, wobei es drei Arten gibt: Endungen auf -ar, -er, -ir. Der Rest geht dann von alleine: §6.2/157

Präsens der regelmäßigen Verben

Infinitv:	**trabajar** (arbeiten)	**creer** (glauben)	**vivir** (leben)
(yo)	trabaj**o**	cre**o**	viv**o**
(tú)	trabaj**as**	cre**es**	viv**es**
(él/ella/usted)	trabaj**a**	cre**e**	viv**e**
(nosotros/-as)	trabaj**amos**	cre**emos**	viv**imos**
(vosotros/-as)	trabaj**áis**	cre**éis**	viv**ís**
(ellos/ellas/ustedes)	trabaj**an**	cre**en**	viv**en**

Jetzt wissen Sie alles über die Gegenwart!

••• Noch eine Besonderheit des Spanischen bei der Anrede: Um sich an jemanden zu wenden, der ihnen zwar vertraut, aber älter oder Respekt einflößend ist, haben die Spanier eine Kompromissformel gefunden: don und weiblich doña, gefolgt vom Vornamen:

don Jaime	anstelle von	señor del Prado
doña Luisa	anstelle von	señora del Prado

Aber werden Sie nicht zu vertraulich: In der Regel folgt nach don das Siezen, d. h., die 3. Person Singular.

••• Sie wissen nun schon, dass das Personalpronomen im Nominativ meistens überflüssig ist. Meistens – aber nicht immer! Merken Sie sich: man benützt es, um Missverständnisse zu vermeiden oder die Person hervorzuheben: §16.1/170

Creo que vive en Madrid. *Ich glaube,* { *er lebt* / *sie lebt* / *Sie leben* } *in Madrid.*

Wer lebt nun in Madrid? In diesem Fall erweist sich ein Pronomen als sehr nützlich:

Creo que **usted** vive en Madrid.	*Ich glaube, Sie leben in Madrid.*
Creo que **él** vive en Madrid.	*Ich glaube, er lebt in Madrid.*
¿Trabajar, **yo**?	*Arbeiten? Ich?*

A: Beantworten Sie nun diese Fragen:

1. ¿Trabaja usted hoy? ....
2. ¿Dónde trabaja? ....
3. ¿En qué ciudad vivís? ....
4. ¿En qué calle vivís? ....
5. ¿El locutor es de Madrid? ....
6. ¿El participante de hoy es de Madrid? ....

Sie sind nun in Spanien ...

Wann treffen Sie sich mit Ihren neuen Freunden?

hoy	heute
esta tarde	heute Abend
esta noche	heute Abend / Nacht
mañana	morgen
pasado mañana	übermorgen

Und wo treffen Sie sich mit ihnen?

en el hotel	im Hotel
en el bar	in der Bar
en mi casa	bei mir zu Hause

B: Man unterhält sich ...
Ergänzen Sie die Sätze mit den angegebenen Verben:

1. *trabajar*

   ¿(tú) .... hoy?

   No, hoy no. (Yo) .... mañana.

2. *trabajar*

¿Dónde (vosotras) ....?

(Nosotras) .... en la radio.

3. *vivir*

¿Dónde (usted) .... ?

(Yo) ....en Sevilla.

4. *estudiar*

¿(usted) .... allí?

Sí, (yo) .... en Sevilla.

5. *creer*

¿(vosotros) .... que Mari Luz es de Madrid?

No, (nosotros) .... que es de Sevilla.

Madrid

Nach dem Tode des Diktators Franco im Jahre 1975 nahm Madrid einen starken kulturellen Aufschwung. Aber nicht nur kulturell, sondern auch politisch hat die Stadt durch den EG-Beitritt Spaniens (1986) in Europa an Bedeutung gewonnen.
Madrid liegt im Landesinneren auf der kastilischen Hochebene, der Meseta, und zählt zu den neueren europäischen Hauptstädten: Es wurde erst 1561 von Philipp II. zur Hauptstadt des Landes erhoben.
Den ca. 5 Millionen Einwohnern von Madrid, den **madrileños**, sagt man eine gewisse Überheblichkeit nach. Diese Kritik hört man vor allem von den **barceloneses**, den Einwohnern Barcelonas, die den „Zentralisten" in Madrid aus politischen, historischen und wirtschaftlichen Gründen sowieso nicht so wohlgesonnen sind.

2b Und hier die Spielregeln

Don Jaime hat das Prinzip des Ratespiels nicht ganz verstanden: Er glaubt, er müsse den Titel bzw. den Komponisten einer Oper oder den Namen eines bekannten Sängers erraten. Er hat jedoch verstanden, dass er nur zwei Minuten Zeit für die Antwort hat.

Locutor:	Don Jaime, usted ya conoce las bases del concurso.
Don Jaime:	Evidentemente. Se trata de adivinar el nombre o el autor de una ópera famosa.
Locutor:	¿Cómo?
Don Jaime:	Sí, o de un cantante famoso.
Locutor:	No, don Jaime, no es eso. No se trata de cantantes ni de autores famosos.
Don Jaime:	¿Ah no?
Locutor:	No. Usted debe descubrir el nombre y el lugar de monumentos célebres.
Don Jaime:	¡Ah! ¡Más fácil todavía!
Locutor:	Pero... ¡cuidado!...
Don Jaime:	Sí, ya sé. ¡Responder en dos minutos!

ya	schon
conocer	kennen
la base	Basis, Regel
evidentemente	natürlich
se	sich
tratar(se) de	(sich) handeln um
adivinar	erraten
el autor	Autor
una	eine
la ópera	Oper
famoso,-a	berühmt
el cantante	Sänger
no	nein
eso	dies
no... ni	weder ... noch
deber	müssen
descubrir	entdecken
el lugar	Ort
célebre	berühmt
más fácil	einfacher
más	mehr
fácil	einfach
todavía	noch
¡cuidado!	Vorsicht!
ya sé	ich weiß schon
saber	wissen
responder	antworten
en	innerhalb
dos	zwei
el minuto	Minute

••• Sicher haben Sie schon bemerkt, dass für fast jedes Adjektiv auch eine weibliche Form gebildet werden kann, so wie z.B. nervioso, nerviosa:

§5/154

La participante está nerviosa.

Wie das geht?
Endet das Adjektiv auf -o, wird das o zu a.

un	cantante	famos**o**	*ein berühmter Sänger*
una	cantante	famos**a**	*eine berühmte Sängerin*

Handelt es sich um ein Nationalitätsadjektiv auf -l, -n oder -s, wird ein -a angehängt:

un	autor	español	*ein spanischer Autor*
un**a**	autora	españo**la**	*eine spanische Autorin*
un	concurso	alemán	*ein deutsches Quiz*
un**a**	ciudad	aleman**a**	*eine deutsche Stadt*
un	nombre	francés	*ein französischer Name*
un**a**	familia	frances**a**	*eine französische Familie*

In den meisten anderen Fällen ändert sich nichts:

un	cantante	célebre	*ein berühmter Sänger*
un**a**	cantante	célebre	*eine berühmte Sängerin*
un	nombre	difícil	*ein schwieriger Name*
un**a**	obra	fácil	*ein leichtes Werk*

So viel zu den Adjektiven.

§2/152 ●●● Was den Plural der Substantive betrifft, so ist er wirklich simpel: Endet das Wort auf einen Vokal, wird ein -s angehängt:

Pluralbildung

Singular		Plural	
el nombre	der Name	lo**s** nombr**es**	die Namen
un minuto	eine Minute	do**s** minut**os**	zwei Minuten
la pregunta	die Frage	la**s** pregunt**as**	die Fragen

Endet das Wort auf einen Konsonanten, wird -es angehängt:

el autor	der Autor	lo**s** autor**es**	die Autoren
el lugar	der Ort	lo**s** lugar**es**	die Orte

Finden Sie nicht auch, dass diese Pluralregeln kinderleicht sind?

A: Versuchen Sie es selbst:

el estudiante	*los estudiantes*	la familia	....
la radio	....	la cuidad	....
la mujer	....	el autor	....
el madrileño	....	el museo	....

Sie sind nun in Spanien ...

Wollen Sie von Ihren Hobbys, dem Lesen und Musikhören etwas erzählen?

leo *(inf.: leer)* un libro	ich lese ein Buch
el libro	das Buch
el periódico	die Zeitung
es fácil/difícil	es ist leicht/schwierig
escuchar	zuhören
escuchar música	Musik hören
la canción	das Lied
alemán, -ana	deutsch
español, -a	spanisch

B: Haben Sie Lust, die weibliche Form und den Plural noch etwas zu üben?

(Singular)	(Plural)
1. *el participante tranquilo*	*los participantes tranquilos*
2. la participante	las ....
3. la pregunta final	....
4. la calle bonita	....
5. un señor jubilado	dos ....
6. una señora	dos ....
7. un arquitecto español	dos ....
8. una iglesia	dos ....
9. un cantante alemán	dos ....
10. una cantante	dos ....
11. un concurso difícil	dos ....
12. una autora	dos ....

Flamenco und Stierkampf

Sicherlich gibt es mehrere Opern mit spanischen Themen wie Stierkampf, Liebe, Stolz, Eifersucht, verletzte Ehre, Tod. Aber wohl keine erfreut sich einer solchen Beliebtheit wie „Carmen" von Georges Bizet. Und noch bekannter als die Oper dürfte heute dem breiten Publikum der gleichnamige Film von Carlos Saura sein.
Die Tanzszenen des Filmes haben zu einer wahren Flamenco-Euphorie geführt: überall werden Flamenco-Kurse angeboten, Flamenco-Aufführungen spanischer Gruppen sind ausverkauft – und wer weiß, vielleicht hat auch Sie „Carmen" zur spanischen Sprache geführt?

2c Durchgefallen!

Unser Kandidat, Don Jaime del Prado, antwortet mit einer beeindruckenden Schnelligkeit auf die erste Frage, sogar bevor diese ganz ausformuliert ist! Aber er scheitert an der zweiten Frage, die eigentlich sehr einfach ist, und geht verärgert aus dem Studio.

Locutor:	Hay un monumento árabe en Andalucía...
Don Jaime:	¡La Alhambra de Granada!
Locutor:	¡Caramba! ¡Este concursante es increíble!
Don Jaime:	La verdad, ¡esa pregunta es muy fácil!
Locutor:	¿Y esta? En este lugar hay cuadros célebres. El monumento es de la época de Carlos III. ¿Qué es y dónde está?
Don Jaime:	Pues es un museo...
Locutor:	Sí, en efecto...
Don Jaime:	¿Ese museo es muy conocido?
Locutor:	¡Qué pena, señor del Prado! ¡Es el museo del Prado!
Don Jaime:	¡Vaya pregunta! ¡Estos concursos son para tontos!
Locutor:	Muchas gracias, don Jaime, y ¡hasta pronto!

hay	es gibt	**pues**	dann
árabe	arabisch	**el museo**	Museum
¡caramba!	Alle Achtung!	**en efecto**	in der Tat
este, esta	dieser, diese	**conocido**	bekannt
el, la concursante	Teilnehmer/in *(an einem Wettbewerb)*	**¡qué pena!**	wie schade!
		señor	Herr *(Anrede)*
		¡vaya pregunta!	was für eine dumme Frage!
increíble	unglaublich	**tonto,-a**	dumm
la verdad	die Wahrheit	**muchas gracias**	vielen Dank
ese, esa	dieser, diese	**¡hasta pronto!**	bis bald!
muy	sehr		
el cuadro	Gemälde		

••• Es heißt, die Spanier seien „demonstrativ". Vielleicht haben sie deshalb mehr Demonstrativpronomen als wir. Sie richten sich nach der räumlichen oder zeitlichen Entfernung der Sache, um die es geht.

Demonstrativpronomen

§16.5/173

	diese/r (hier)	diese/r (dort)	jene/r (weit weg)
männl. Sing.	**este**	**ese**	**aquel**
weibl. Sing.	**esta**	**esa**	**aquella**
männl. Plural	**estos**	**esos**	**aquellos**
weibl. Plural	**estas**	**esas**	**aquellas**

Este concursante es tonto. — *Dieser Kandidat ist dumm.*
Esa iglesia es muy conocida. — *Diese Kirche (dort in Madrid) ist sehr bekannt.*
¿Conoces **aquellas** épocas? — *Kennst du jene (entfernten) Epochen?*

Wenn Sie nun sagen wollen „dieser" oder „jene", ohne dass ein Substantiv folgt, brauchen Sie nichts Neues zu lernen:

¿Es este museo? — *Ist es dieses Museum (hier)?*
¿Es **este**? — *Ist es dieses (hier)?*

A: Jetzt soll die richtige Form eingesetzt werden:

1. *este* Leo .... libro.

Escucho .... música.

.... concursantes son increíbles.

2. *ese* .... empleados trabajan en Madrid.

.... iglesias están en Barcelona.

.... estudiante estudia en Málaga.

3. *aquel* No conoce .... época.

¿Conoces .... cuadros?

§15/169 ●●● Um „es gibt" zu übersetzen, verwendet man den Ausdruck hay. Man braucht hay aber auch, wenn man „sein", „hängen" (cuadros), „stehen" (un monumento), „liegen" (libros) übersetzen will und nicht der bestimmte Artikel dabei steht.

En la mesa hay un libro de Neruda.	*Auf dem Tisch liegt ein Buch von Neruda.*
En Granada hay un monumento árabe.	*In Granada steht ein arabisches Bauwerk.*
En este museo hay muchos cuadros famosos.	*In diesem Museum hängen viele berühmte Bilder.*
En Madrid hay un parque muy bonito.	*In Madrid gibt es einen sehr hübschen Park.*

●●● Wissen Sie noch, was sonst genommen werden muss? Richtig! estar. Also aufgepasst:

En Madrid está el Museo del Prado.	*In Madrid steht das Prado-Museum.*

●●● Alles klar jetzt?
Bei so vielen Verben im Deutschen haben Sie sicherlich nichts gegen einen Vorschlag, wie man „sich befinden" im jeweiligen Fall am besten übersetzt. Merken Sie sich einfach:

– mit dem bestimmen Artikel:	**estar**
– sonst:	**hay**

Aquí **está el** libro de español.	Hier liegt das Spanisch-Buch.
Aquí **hay un** libro de Neruda.	Hier liegt ein Buch von Neruda.

Sie sind nun in Spanien ...

Wollen Sie Ihren Gefühlen Ausdruck verleihen? Nur zu!

¡qué pena!	wie schade!
¡vaya pregunta!	welche Frage!
¡caramba!	alle Achtung! (positiv) Mist! (negativ)
¡no me digas!	was du nicht sagst! das gibt´s doch nicht!
¡qué va!	ach nee! ach was!
¡cuidado!	Achtung!
¡claro!	klar! logisch!
¡buena idea!	gute Idee!
¡adiós!	auf Wiedersehen!
¡hasta pronto!	bis bald!

B: Überprüfen Sie, ob Sie die Verben ***estar*** und ***hay*** richtig verwenden können:

1. Sevilla liegt in Andalusien.
2. Andalusien liegt in Südspanien.
3. In Madrid gibt es einen schönen Park.
4. In diesem Park steht ein Museum.
5. Im Prado-Museum hängt das Bild „La Maja Desnuda" von Goya.

Museen in Madrid

Das Prado-Museum in Madrid ist eines der größten und bekanntesten Museen der Welt und zählt deshalb zu den Hauptsehenswürdigkeiten dieser Stadt. Einige Meter entfernt, im **Casón del Buen Retiro**, finden Sie das berühmte Gemälde „Guernica" von Pablo Picasso, welches er anlässlich der Zerstörung der baskischen Kleinstadt Guernica durch die deutsche Luftwaffe während des spanischen Bürgerkriegs gemalt hat.
Wenn Sie die Avantgarde interessiert, so ist das Kunstzentrum **Centro de Arte Reina Sofía** zu empfehlen. Es wurde nach dem Vorbild des **Centre Pompidou** in Paris konzipiert.

Mit Ihrer Kassette/CD:

A. Hören und lesen Sie noch einmal jeden Mini-Dialog (2a, 2b, 2c).

B: Hören Sie und wiederholen Sie:

a) ¿Dónde vive? – Vivo en Madrid. – ¿Dónde trabaja? – No trabajo. – ¿Cómo?

b) célebre – fácil – conocida – gracias.

C: Setzen Sie die Wörter aus der vorigen Übung Bb) in die folgenden Sätze ein:

Es una pregunta ....

Es un monumento ....

Es una ópera ....

Muchas ....

D: Erinnern Sie sich an die Ausdrücke in „Sie sind nun in Spanien"? Sprechen Sie sie nach! (Den Text dazu finden Sie auf den Seiten 24, 28 und 33.)

E: Hören Sie noch einmal die gesamte Einheit 2.

Überprüfen Sie nun, was Sie schon können:

F: Setzen Sie das passende Wort ein:

vivo – creo – trabajáis – viven – trabajo – trabajamos

Yo .... en la calle Alfonso XII y .... en la radio. Y vosotros,

¿dónde .... ? Nosotros .... en un museo. ¿Y ellos?

No sé. .... que en un hotel.

¿Y son de Madrid también?

No, ... en Burgos.

G: Wählen Sie das passende Wort aus:

Este autor es...	a. francés	b. francesa
Esta cantante es...	a. famoso	b. famosa
Esta iglesia es...	a. conocido	b. conocida
Este monumento es...	a. religioso	b. religiosa

H: Setzen Sie die Sätze von Übung G in den Plural.

I: Aus welchem Land kommen diese Menschen?

Carmen es de Madrid. Es...	a. español	b. española
Jens es de Berlín. Es...	a. alemán	b. alemana
Los participantes son de Roma. Son...	a. italianos	b. italianas
Florence y Renaud son de Paris. Son...	a. franceses	b. francesas

J: Verbinden Sie jede Frage mit der entsprechenden Antwort:

1. ¿De dónde eres?	a. Vivo en Madrid.
2. ¿Dónde vives?	b. Soy de Madrid.
3. ¿Dónde trabajas?	c. Estoy en Madrid.
4. ¿Dónde estás?	d. Trabajo en Madrid.

3a Der Hörer hat das Wort

Heute wird zum ersten Mal die Sendung „Der Hörer hat das Wort" übertragen. Der Moderator erklärt allen die Teilnahmebedingungen: Die Hörer können telefonisch oder schriftlich mit dem Sender Kontakt aufnehmen.

Locutor: Nuestra radio es tu radio. Nuestro programa es tu programa. En «El oyente da su opinión», todos podemos participar. ¿Cómo? Es muy fácil. Con una simple llamada telefónica al número 1.10.20.30, repito 1.10.20.30; o también puedes mandar una carta con tu nombre y dirección a Radio Metrópolis, Calle Mayor, número 34, Madrid 28010. Aquí está mi primera llamada ¿Dígame?

el programa	Programm	**uno**	1
el oyente	Hörer	**treinta**	30
dar	geben	**repetir**	wiederholen
su	sein/seine, ihr/ ihre, Ihr/Ihre	**también**	auch
		mandar	schicken
la opinión	Meinung	**la carta**	Brief
todos, todas	alle	**la dirección**	Adresse
poder	können	**a**	an
participar	teilnehmen	**mayor**	größer
simple	einfach	**treinta y cuatro**	34
la llamada	Anruf	**veintiocho**	28
telefónico,-a	telefonisch	**cero**	0
al *(= a + le)*	bei dem/der	**mi**	mein, meine
el número	Nummer	**diga,dígame ...**	Hallo!

••• Wollen auch Sie Ihre Telefonnummer weitergeben oder eine andere in Erfahrung bringen? Dann müssen Sie schnellstens die Zahlen lernen, zunächst bis 20!

1	**uno**	6	**seis**	11	**once**	16	**dieciséis**
2	**dos**	7	**siete**	12	**doce**	17	**diecisiete**
3	**tres**	8	**ocho**	13	**trece**	18	**dieciocho**
4	**cuatro**	9	**nueve**	14	**quatorce**	19	**diecinueve**
5	**cinco**	10	**diez**	15	**quince**	20	**veinte**

••• Sind Sie „besitzergreifend"? Nun, selbst wenn Sie es nicht sind, kommen Sie nicht umhin, Ihren Besitzanspruch zu äußern – im Deutschen wie im Spanischen: §16.3/172

Es **mi** libro.	*Es ist mein Buch.*
Nuestra radio es **tu** radio.	*Unser Radio ist dein Radio.*
Aquí está **mi** primera llamada.	*Hier ist mein erster Anruf.*

Fangen wir mit dem Singular an:

Possessivpronomen

männlich		weiblich	
mi número	meine Nummer	**mi** carta	mein Brief
tu número	deine Nummer	**tu** carta	dein Brief
su número	seine/ihre/Ihre Nummer	**su** carta	sein/ihr/Ihr Brief
nuestro número	unsere Nummer	**nuestra** carta	unser Brief
vuestro número	eure Nummer	**vuestra** carta	euer Brief
su número	ihre/Ihre Nummer	**su** carta	ihr/Ihr Brief

Es vereinfacht die Sache schon, dass es auf Spanisch nur bei „unser" und „euer" den kleinen Unterschied zwischen männlich und weiblich gibt: nuestro, -a und vuestro, -a. Bei mi, tu, su sind nämlich die Geschlechter gleich!

Auch die Pluralform ist leicht: einfach -s anhängen:
Estas son mis primeras preguntas. *Das sind meine ersten Fragen.*

mis libros	**nuestros** programas / **nuestras** cartas
tus preguntas	**vuestros** concursos / **vuestras** llamadas
sus oyentes	**sus** opiniones

Nun werden Sie keinerlei Schwierigkeiten haben, Ihre besitzanzeigenden Fürwörter in Besitz zu nehmen!

§6.3/157 ●●● Bestimmte Verben, wie poder – *können* weisen in den Singularformen und in der 3. Person Plural eine kleine Besonderheit auf:

poder – (können) – Präsens

(yo)	p**ue**do	(nosotros/-as)	podemos
(tú)	p**ue**des	(vosotros/-as)	podéis
(él/ella/usted)	p**ue**de	(ellos/ellas/ustedes)	p**ue**den

Todos podemos participar. *Wir können alle teilnehmen.*
Puedes mandar una carta. *Du kannst einen Brief schicken.*

§13.2/164 Ein weiteres Beispiel ist contar – *zählen, erzählen:* cuento – contamos. Aber machen wir aus einer Mücke keinen Elefanten: diese „Unregelmäßigkeit" betrifft nur wenige Verben und ist im Übrigen ziemlich ... regelmäßig. Die Verwandlung o/ue geschieht immer auf dieselbe Art.

A: Versuchen Sie es mit einem besonders hübschen Verb: ***soñar con*** – *träumen von* ... Im Spanischen sagt man „träumen mit"!

Yo .... con don Jaime.

Y tú, ¿.................................. con Mari Luz?

Sí, y mi amigo .... también con ella.

Y vosotros, ¿.................................. con Andalucía?

Sí, nosotros .... con el sur de España.

¿Y los concursantes? .... con una llamada de la radio.

Sie sind nun in Spanien ...

Sie möchten telefonieren und nach Hause schreiben:

Quiero llamar (por teléfono).	Ich möchte telefonieren.
la cabina telefónica	die Telefonkabine
¿Dígame?	Hallo (sagt der Angerufene)
¿Oiga?	Hallo (sagt der Anrufer)
un sello, por favor	eine Briefmarke, bitte
para una carta	für einen Brief
para una postal	für eine Postkarte
¿Cuánto tarda?	Wie lange dauert es?

B: Können Sie nun folgende Sätze übersetzen?

- Hallo. Guten Tag! Wie geht es Ihnen? Nehmen Sie auch an dem Radioquiz teil?
- Nein, ich kann nicht. Ich arbeite und kann nicht teilnehmen.
- Das Quiz ist aber sehr interessant. Ist das auch Ihre Meinung?
- Ja, sicher.
- Sie können aber auch teilnehmen und einen Brief schreiben.
- Ja, das ist eine gute Idee. Auf Wiedersehen!
- Bis bald!

Familiennamen

Die Spanier haben immer zwei Nachnamen: der erste Nachname stammt vom Vater und der zweite von der Mutter. Drei Beispiele:

Vater:	Mutter:	Kind:
Diego Díaz García	Cecilia Sanz Romero	Pepe Díaz Sanz
Pepe Díaz Sanz	Pilar Viguer Mola	Eva Díaz Viguer
Juan Hierro Solano	Eva Díaz Viguer	Carmen Hierro Díaz

Wie heißt nun Ángel, der Sohn von Carmen Hierro Díaz, die Óscar Ibáñez Martín geheiratet hat?

Ángel Ibáñez Hierro

Der doppelte Nachname erklärt auch, wieso auf Formularen immer der Plural – nämlich **appellidos** – steht. Das angeführte Beispiel zeigt ebenso, dass verheiratete Personen ihren ursprünglichen Namen behalten.

3b Eine kritische Stimme

Der erste Anruf kommt von einer Hörerin, die das „Lieblings"-Ratespiel der Sendeanstalt heftig kritisiert – sie findet es lächerlich und kindisch. Viele Leute denken wie sie und ... wie zufällig wird die Verbindung unterbrochen.

Locutor:	¿Dígame?
Oyente:	Soy una oyente de su programa. ¿Puedo dar mi opinión?
Locutor:	Adelante, adelante.
Oyente:	En primer lugar, quiero hablar del concurso «¿Qué es? ¿Dónde está?»
Locutor:	Diga, diga.
Oyente:	Creo que estos concursos son ridículos.
Locutor:	Ah ¿sí?
Oyente:	Ustedes piensan que sus oyentes son niños.
Locutor:	¿Y por qué, señora?
Oyente:	Porque las preguntas son infantiles.
Locutor:	Esa es su opinión, señora.
Oyente:	No, mucha gente piensa como yo. Yo creo que la radio debe y puede hacer algo mejor y pensamos...
Locutor:	¿Oiga? ¿Oigame...?

¡adelante!	los!
en primer lugar	zuerst
querer	wollen
hablar	sprechen
diga	sagen Sie
ridículo,-a	lächerlich
pensar	denken
el niño, la niña	das Kind (*männl., weibl.*)
¿por qué?	warum?
señora	meine Dame (*Anrede*)
el, la señor, -a	Herr/Dame
porque	weil
infantil	kindisch
mucho,-a	viel
la gente	die Leute
como	wie
hacer	machen
algo	etwas
mejor	besser
oiga	hören Sie
oígame	hallo
oír	hören

••• Sie erinnern sich sicher noch an die kleine Besonderheit bei poder (p**ue**do/p**o**demos)? Genau dasselbe Phänomen haben wir bei einer weiteren Reihe von Verben wie pensar – *denken* oder querer – *wollen, lieben*, nur dass es sich in diesem Fall um eine Verwandlung von -e in -ie handelt:

§6.3/172

pensar (denken)	**querer** (wollen)
pi**e**nso	qui**e**ro
pi**e**nsas	qui**e**res
pi**e**nsa	qui**e**re
pensamos	queremos
pensáis	queréis
pi**e**nsan	qui**e**ren

Auch hier gilt: sich nur nicht verrückt machen lassen. Diese Verwandlung betrifft nur bestimmte Verben, wie zum Beispiel:

comenzar	com**ie**nzo	beginnen, anfangen
empezar	emp**ie**zo	beginnen, anfangen
perder	p**ie**rdo	verlieren
preferir	pref**ie**ro	bevorzugen, lieber wollen

§13.2/164

••• Sie haben nicht vergessen, dass Sie beim Siezen die 3. Person Singular bzw. Plural benützen, nicht wahr? Für die Possessivpronomen gilt das auch: §16.3/172

Esa es su opinión, señora García.	*Dies ist Ihre Meinung, Frau García.*
Ustedes piensan que sus oyentes son niños.	*Sie denken wohl, Ihre Hörer seien Kinder.*

Su opinión kann also heißen:

seine Meinung (eines Mannes),
ihre Meinung (einer Frau),
ihre Meinung (der Leute),
Ihre Meinung.

Beim Plural gilt dasselbe ...

Sus opiniones:

seine Meinungen,
ihre Meinungen (der Frau),
ihre Meinungen (der Leute),
Ihre Meinungen.

A: Sparsam in den Mitteln, ist das nicht auch ... Ihre Meinung?

¿Es la opinión de Jaime?	Sí, es .... opinión.
¿Es el libro de Elisa?	Sí, es .... libro.
¿Son los niños de Jaime y Elisa?	Sí, son .... niños.
¿Es su cuadro, señor?	Sí, es .... cuadro.
¿Son sus preguntas, señora?	Sí, ... preguntas.
¿Es su dirección, señores?	Sí, ... dirección.

Sie sind nun in Spanien ...

Wollen Sie über Gott und die Welt reden?

creo que	ich glaube, dass
pienso que	ich denke, dass
quiero hablar de Ana	ich möchte über Ana sprechen
prefiero hablar de José	ich möchte lieber über José sprechen
¿por qué?	warum?
porque ...	weil ...
es ridículo	es ist lächerlich
es infantil	es ist kindisch
es serio	es ist ernsthaft; seriös
es interesante	es ist interessant

es importante	es ist wichtig
es bueno	es ist gut
mucha gente piensa que	viele Leute denken, dass
muchos alemanes piensan que	viele Deutsche denken, dass

B: Und nun ist Ihre Meinung gefragt ... Beantworten Sie die Fragen, wobei Sie z. B. folgende Ausdrücke verwenden können:

participar – bueno/conocido/famoso – infantil – interesante – programa serio.

1. ¿Por qué piensa que el programa es malo? a. Porque pienso que ....

2. ¿Por qué prefiere usted este programa? b. Porque es ....

3. ¿Por qué participa usted en este concurso? c. Porque ....

4. ¿Por qué llama usted a Radio Metrópolis? d. Porque ....

5. ¿Por qué lee usted este libro? e. Porque ....

Telefon

Ruft man in Spanien an, so hört man für die Kontaktaufnahme nicht den Namen, sondern **¿diga?, ¿dígame?** oder auch nur ein kurzes **¿sí?**. Die spanischen Leitungen sind ständig überbelastet, veraltet und die Warteliste für Neuanschlüsse ist länger als alle Prozessionen der Karwoche zusammen, wie kürzlich ein Kommentator meinte. Dahingegen findet man aber genügend Telefonhäuschen, und die meisten funktionieren auch – entweder mit 100 Peseten-Stücken oder neuerdings mit den **tarjetas telefónicas**, den Telefonkarten. Suchen Sie die „Post" zum Telefonieren, so gehen Sie nicht zu **Correos**, sondern zur **Telefónica**, der halbstaatlichen spanischen Telefongesellschaft.

Mit Ihrer Kassette/CD:

A: Hören und lesen Sie noch einmal jeden Mini-Dialog (3a, 3b).

B: Hören Sie und wiederholen Sie:

a) ¿Dígame? – ¿Puedo dar mi opinión? – Quiero hablar del concurso. – ¿Y por qué, señora?

b) dar – participar – lugar – mandar.

C: Und nun ergänzen Sie diese Sätze oder Ausdrücke:

En primer ....

Todos podemos ....

Puedes .... tu nombre y dirección.

¿Puedo .... mi opinión?

D: Hören Sie und wiederholen Sie:

1	uno	6	seis
2	dos	7	siete
3	tres	8	ocho
4	cuatro	9	nueve
5	cinco	10	diez

E: Erinnern Sie sich an die Ausdrücke in „Sie sind nun in Spanien"?
Sprechen Sie sie nach! (Den Text dazu finden Sie auf den Seiten 39 und 42.)

F: Hören Sie noch einmal die gesamte Einheit 3.

Überprüfen Sie nun, was Sie schon können:

G: Setzen Sie das passende Wort ein:

¿Esta es tu radio?	Sí, es .... radio.
¿Este es vuestro programa?	Sí, es .... programa.
¿Esta es vuestra dirección?	Sí, es .... dirección.
¿Este es tu teléfono?	Sí, es .... teléfono.

¿Este es el programa del oyente? Sí, es .... programa.

¿Esta es la opinión de los oyentes? Sí, es .... opinión.

H: Ergänzen Sie mit *su* oder *sus:*

– Esta carta es de Juan. ¿Juan? ¿Cuál* es .... apellido**?

– ¿Usted es el señor Pérez? ¿Cuál es ....número de teléfono?

– Aquí están el señor y la señora Pérez y éstos son .... amigos.

– ¿Ustedes son de Valencia? ¿Cuál es .... dirección?

*cuál = welche/r/s; ** el apellido = Familienname

I: Wählen Sie das passende Wort:

puede – quiero – pueden – puedo – quiere

– ¿ .... hacer una llamada a París?

– Claro. ¿Qué número ....?

– .... hablar con el Sr. Jiménez.

– Sí. ¿ .... repetir su nombre?

– Perdón, ¿ustedes .... mandar esta carta a mi casa?

– Sí, claro. ¿Cuál es su dirección?

J: Setzen Sie die Verben der folgenden Sätze in den Plural:

Quiero hablar por teléfono.	*Queremos hablar por teléfono.*
Hoy empiezo a trabajar.	....
¿Puedo llamar al hotel?	....
No quiero telefonear.	....
Prefiero escribir.	....

K: Verbinden Sie die Sätze, die zusammenpassen:

1.¿Cómo se llama?	a. No, no está aquí.
2.¿Diga?	b. ¿Con quién hablo?
3.¿Quién llama?	c. Sí, soy yo.
4.¿El Sr. Ramírez por favor?	d. Me llamo Pablo Muñoz.
5.¿Está el Sr. Ramírez?	e.Soy Luis Bello, del programa «Opinión».

4a Programmvorschau

Der Moderator stellt in einer Programmvorschau die Gäste vor, die im Laufe der Woche ins Studio kommen werden. Eingeladen sind eine bekannte Journalistin, der Bürgermeister von Madrid, ein berühmter Architekt, ein Naturheilkundler und ein besonderer Gast aus dem Bereich Sport, dessen Name noch nicht verraten wird.

Locutor: Buenos días, estimados oyentes de Radio Metrópolis... Son las siete en punto de la mañana. Aquí estamos de nuevo con ustedes para presentar a los invitados de la semana.

– Hoy lunes, a las diez y media de la mañana, la periodista Conchita Díaz.

– Mañana martes, a las ocho menos cuarto de la noche, el alcalde de Madrid.

– El miércoles, a las tres de la tarde, el famoso arquitecto Pablo Guzmán.

– El jueves, viernes y sábado por la mañana, el doctor Anatomos, médico naturista, en el programa «Medicina y salud».

– Y como todos los domingos por la tarde, «Deportes», con un invitado especial.

buenos días	guten Tag
el día	Tag
estimado,-a	verehrte/r
en punto	genau *(Uhrzeit)*
la mañana	Morgen
de la mañana	morgens
de nuevo	erneut
presentar	vorstellen
para	für
el lunes	am Montag
el, la periodista	Journalist/in
mañana	morgen
el martes	am Dienstag
el alcalde	Bürgermeister
el miércoles	am Mittwoch
la tarde	Nachmittag
de la tarde	nachmittags
el jueves	am Donnerstag
el viernes	am Freitag
el sábado	am Samstag
por la mañana	morgens, am Morgen
el doctor	Doktor
el médico naturista	Naturheilkundler
la medicina	Medizin
la salud	Gesundheit
el domingo	am Sonntag
por la tarde	am Nachmittag
el deporte	Sport
el invitado	Gast
especial	besondere/r

• • • Für die Angabe der offiziellen Uhrzeiten (Flughafen, Zeitansage, usw.) muss man eigentlich die Zahlen bis 59 kennen: 23 Uhr 59! Sicherlich wollen Sie aber noch höher hinaus:

30	**treinta**	60	**sesenta**	125	**ciento veinticinco**
31	**treinta y uno**	70	**setenta**	200	**doscientos, -as**
32	**treinta y dos**	80	**ochenta**	500	**quinientos, -as**
40	**cuarenta**	90	**noventa**	1000	**mil**
50	**cincuenta**	100	**ciento/cien**	2000	**dos mil**

Doch zurück zur Uhrzeit: Auf die Frage:

¿Qué hora es?	*Wie viel Uhr ist es?*

antworten Sie einfach:

Es la una.	*Es ist 1 Uhr / 13 Uhr.* (Singular)
Son las dos.	*Es ist 2 Uhr / 14 Uhr.* (Plural)
Son **las tres.**	*Es ist 3 Uhr / 15 Uhr.* (Plural)
…	…
Son **las doce.**	*Es ist 12 Uhr.*
Son las cuatro **en punto.**	*Es ist Punkt / genau 4 Uhr / 16 Uhr.*

Verzichten Sie also auf das Wort hora in Ihrer Antwort, aber vergessen Sie nicht den Artikel la (bzw. las im Plural), sonst wird man Sie nicht verstehen!

••• „Um" (Um wie viel Uhr?) drücken Sie mit a aus:

¿**A** qué hora? *Um wie viel Uhr?*
A las ocho. *Um 8 Uhr.*

••• Die Spanier geben im täglichen Leben nicht die „offizielle" Uhrzeit an (15 Uhr), sondern sagen nur a las tres. Ist die Tageszeit unklar, so fügt man hinzu:

A las siete **de la mañana**. *Um 7 Uhr morgens.*
A las cinco **de la tarde**. *Um 5 Uhr nachmittags.*
A las diez **de la noche**. *Um 10 Uhr nachts.*

••• Wenn Sie jedoch keine volle Stunde, sondern Minuten, Viertel- und halbe Stunden angeben wollen, zählen Sie bis einschließlich „halb" die Zeit zu der vollen Stunde dazu, mit y; danach ziehen Sie von der nächsten Stunde ab, mit menos:

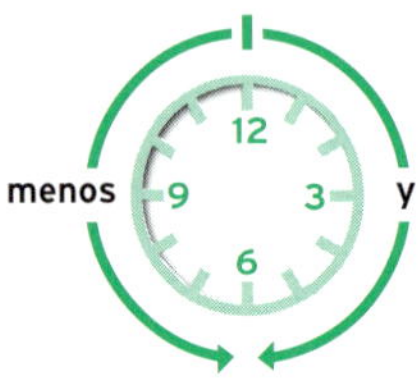

y		menos	
7:10	7 y 10	7:35	8 menos 25
7:15	7 y cuarto	7:45	8 menos cuarto
7:30	7 y media	7:55	8 menos 5

Wann treten die Studiogäste auf?

El alcade de Madrid, **a las ocho menos cuarto.**
El arquitecto Pablo Guzmán, **a las tres de la tarde.**
Y la periodista Conchita Díaz, **a las diez y media de la mañana.**

••• Vorsicht! Wollen Sie eine Tageszeit ohne feste Uhrzeit ausdrücken, nehmen Sie por:

el jueves **por** la mañana *donnerstagmorgens*
el martes **por** la tarde *dienstagnachmittags*
el domingo **por** la noche *sonntagnachts*

Nun können Sie, wenn, wann und mit wem Sie wollen, auf Spanisch ein Rendezvous vereinbaren. Viel Glück!

••• Noch etwas:

Aquí estamos de nuevo para presentar **a** los invitados.	*Hier sind wir wieder, um (Ihnen) die Gäste vorzustellen.*

§3/153

Aha! Beachten Sie das a, wenn es sich um Personen im Akkusativ (auf die Frage „wen?") handelt. Sie können, presentar un programa – *eine Sendung vorstellen,* aber Sie müssen presentar a una periodista – *eine Journalistin vorstellen.*

A: Verbinden Sie jeden Satz mit der passenden Uhrzeit:

1. Son las once y cinco.	a .12.00
2. Son las doce.	b. 19.40
3. Son las tres y cuarto.	c. 13.00
4. Son las ocho menos veinte.	d. 11.05
5. Es la una.	e. 3.15
6. Son las tres menos cuarto.	f. 14.45

Sie sind nun in Spanien ...

Sie interessieren sich für den Beruf Ihres/r Hotelnachbarn/in:

es ...	er/sie ist ...
periodista	Journalist/in
camarero,-a	Kellner/in
ama de casa	Hausfrau
obrero,-a	Arbeiter/in
alumno,-a	Schüler/in
abogado	Anwalt/Anwältin
Y usted, ¿qué es?	Und was sind Sie von Beruf?

Öffnungszeiten

Schon an den Essenszeiten hat man sehen können, dass in Spanien die Uhren anders gehen als im übrigen Europa. Das merkt man auch an den Öffnungszeiten der Geschäfte: Die meisten öffnen um 9 Uhr und machen um 14 Uhr Mittagspause. Nach Mittagessen und Siesta kann man frühestens ab 17 Uhr wieder einkaufen, dafür aber bis 20 Uhr. Auf dem Dorf oder im Lädchen an der Ecke bekommt man seinen Liter Milch auch noch viel später. Große Kaufhäuser wie der **Corte Inglés** oder die **Galerías Preciadas**, die in allen größeren Städten vertreten sind, haben durchgehend bis 20 Uhr offen.

4b Ein Werbespot

Allen überarbeiteten, niedergeschlagenen Hörern, die dringend Urlaub brauchen, empfiehlt der Werbespot das „beste Hotel an der Costa del Sol". Die Lage, die Zimmer, die Strände, das Essen, die Nächte, der gesamte Aufenthalt – alles ist paradiesisch. Und das Schönste: all das gibt es zu extrem irdischen Preisen!

Mujer: Estoy cansada. Estoy deprimida. Necesito unas verdaderas vacaciones. ¿Adónde ir? ¿Adónde voy?

Hombre: Vamos al hotel Miramar, el mejor hotel de la Costa del Sol.

Los dos: ¿El lugar? Frente al mar. Cerca de un pueblecito de pescadores.
¿Las habitaciones? Todas con cuarto de baño y terrazas con vista al mar.
¿Las playas? Paradisíacas.
¿La comida? Excelente.
¿Las noches? Excitantes.
¿La estancia? Inolvidable. Un verdadero paraíso, ¡a precios muy terrenales!

cansado,-a	müde
deprimido,-a	deprimiert
necesitar	brauchen
verdadero,-a	wahr, richtig
las vacaciones	Urlaub
¿adónde?	wohin?
ir	gehen, fahren
el hotel	Hotel
la costa	Küste
el sol	Sonne
frente a	gegenüber
el mar	Meer
el pueblecito	kleines Dorf
el pescador	Fischer
la habitación	Zimmer
el cuarto de baño	Badezimmer
la terraza	Terrasse
la vista	Blick
la playa	Strand
paradisíaco,-a	paradiesisch
la comida	Essen
excelente	ausgezeichnet
excitante	aufregend
la estancia	Aufenthalt
inolvidable	unvergesslich
el paraíso	Paradies
el precio	Preis
terrenal	irdisch

••• Um eine Bewegung auszudrücken, brauchen wir auf Deutsch verschiedene Verben: gehen, fahren, reisen, fliegen ... Im Spanischen reicht ein Verb aus: ir.

ir en tren	*mit dem Zug fahren*
ir en bici(cleta)	*mit dem (Fahr-)Rad fahren*
ir en avión	*fliegen*
ir a pie	*zu Fuß gehen*

ir – (gehen, reisen, fahren ...) – Präsens §13.2/164

(yo)	**voy**	ich gehe ...
(tú)	**vas**	du gehst ...
(él/ella/usted)	**va**	er/sie geht, Sie gehen ...
(nosotros/-as)	**vamos**	wir gehen ...
(vosotros/-as)	**vais**	ihr geht ...
(ellos/ellas/ustedes)	**van**	sie/Sie gehen ...

Übrigens: Formen wie voy finden wir auch bei dar – *geben*: doy. Bei zwei anderen Verben, ser und estar, kennen wir sie ja schon: soy bzw. estoy.

Sicher wollen Sie gerne erzählen, wohin Sie gehen oder fahren. Erzählen Sie, aber setzen Sie die Präposition a vor ihr Ziel: §4/154

Voy **a** Madrid.	*Ich fahre nach Madrid.*
Va **a** la playa.	*Sie geht an den Strand.*

●●● Folgt hinter den Präpositionen a und de der männliche bestimmte Artikel im Singular, ist die Anziehungskraft unwiderstehlich und sie verschmelzen zu einem einzigen Wort:

a	+ el = al	frente **al** hotel	gegenüber dem Hotel
de	+ el = del	cerca **del** mar	in der Nähe des Meeres

Gefolgt von Artikeln in der weiblichen Form oder im Plural, behalten die beiden Präpositionen ihr Eigenleben:

frente **a la** playa	*gegenüber dem Strand*
frente **a las** dos iglesias	*gegenüber den zwei Kirchen*
cerca **de los** hoteles	*in der Nähe der Hotels*

§1/151 ●●● Noch ein Wort zu den unbestimmten Artikeln: un(o) und una. Es gibt sie im Spanischen sogar im Plural!

männl.	un(o)	unos	einige; ungefähr (vor Zahlen)
weibl.	una	unas	

Manchmal bedeuten sie rein gar nichts:

Necesito unas verdaderas vacaciones.	*Ich brauche richtige Ferien.*

A: Der eine reist so, der andere so ... Ergänzen Sie die Sätze mit den richtigen Formen von *ir:*

¿Tú .... en bicicleta?

Sí, ... en bici. Pero ella no. Ella .... en moto*.

¿Ustedes también .... en moto?

No, nosotros .... siempre en tren.

Claro, es más rápido.

¿Y vosotros? ¿Cómo .... España?

¿Nosotros? Sólo** en coche***.

*la moto = Motorrad; **sólo = nur; ***el coche = Auto

Sie sind nun in Spanien ...

Sie wollen im Hotel übernachten:

el hotel	das Hotel
con piscina	mit Schwimmbad
¿Tiene una habitación libre?	Haben sie ein Zimmer frei?
una habitación con/sin baño	Zimmer mit/ohne Bad
una habitación con/sin ducha	Zimmer mit/ohne Dusche
para una semana	für eine Woche
con balcón	mit Balkon
con vista al mar	mit Meerblick
habitación con desayuno	Übernachtung mit Frühstück

B: Erzählen Sie nun, wohin Sie normalerweise in Urlaub fahren. Wir helfen Ihnen beim Erzählen.

¿Adónde va usted de vacaciones?

Voy .... España, ... sur. Vamos, mi familia y yo, ... la Costa del Sol, ... pueblo muy bonito. No .... muchos turistas. Es un lugar tranquilo. En general, estamos .... un hotel con piscina y tres terrazas. La playa .... hotel .... muy bonita.

Zugreisen

Das Fahrrad als Fortbewegungsmittel ist erst in den letzten Jahren etwas in Mode gekommen. Spanien ist ja auch ein sehr gebirgiges Land! Bus und Bahn sind dagegen ständig voll, und man muss für größere Strecken rechtzeitig seine Fahrkarte kaufen.
Besonders schnelle und bequeme Züge sind der **Talgo (Tren Articulado Ligero Goicoechea Oriol)** und – seit 1992 – der **AVE (Alta Velocidad Española).** Das Netz der spanischen Eisenbahngesellschaft RENFE **(Red Nacional de Ferrocarriles Españoles)** weist trotz **Talgo** und **AVE** leider immer noch erhebliche technische und organisatorische Mängel auf.

Mit Ihrer Kassette/CD:

A: Hören und lesen Sie noch einmal jeden Mini-Dialog (4a, 4b).

B: Hören Sie und wiederholen Sie:

a) Buenos días. – ¿Qué hora es? – Son las siete en punto. – Hoy es lunes. – Mañana es martes.

b) lunes – martes – miércoles – jueves – viernes – sábado – domingo.

c) hora – periodista – naturista – Miramar – verdadero.

C: Erinnern Sie sich an die Ausdrücke in „Sie sind nun in Spanien"? Sprechen Sie sie nach! (Den Text dazu finden Sie auf den Seiten 49 und 53.)

D: Hören Sie noch einmal die gesamte Einheit 4.

Überprüfen Sie nun, was Sie schon können:

E: An welchem Tag treten die Studiogäste auf?

El arquitecto Pablo Guzmán viene el ....

La periodista Conchita Díaz está el ....

El programa Medicina y Salud es el ....

Y el alcalde de Madrid habla el ....

F: Um wie viel Uhr kommen sie?

El alcalde de Madrid, a las ....

El arquitecto Pablo Guzmán, a las ....

Y la periodista Conchita Díaz a las ....

G: Um wie viel Uhr ...? Ergänzen Sie folgende Sätze:

1. Pablo habla en la televisión	a las	20.00
2. Conchita escucha la radio	a	9.00
3. Pedro presenta a su invitado	....	22.30
4. Carmen manda un telegrama	....	11.00

5. Juan llama a su madre	....	13.00
6. Lorenzo lee el periódico	....	18.00

H: Wählen Sie das passende Element:

al – a la – de la – del

El hotel está frente .... mar.

El mar está lejos .... hotel.

Las habitaciones están frente .... playa.

El pueblo está cerca .... costa.

I: Bilden Sie die entsprechenden Fragen:

(ustedes)	¿ ....?	Vamos a la Costa del Sol.
(tú)	¿ ....?	Voy a la terraza.
(ellos)	¿ ....?	Van a España.
(él)	¿ ....?	Va al pueblo.
(usted)	¿ ....?	Voy a la playa.

J: Verbinden Sie jede Frage mit der entsprechenden Antwort:

1. ¿Qué día es la cita?	a. Son las siete.
2. ¿Por la mañana?	b. A la una.
3. ¿A qué hora?	c. No, por la tarde.
4. ¿Qué hora es?	d. El lunes.

5a Interview mit einem Filmstar

Eine Schauspielerin wird bei sich zu Hause interviewt. Sie erzählt, dass sie derzeit in einem Film zum Thema Eltern-Kind-Beziehungen mitwirkt. Der Film trägt den hübschen Titel: „Bin ich das Kind meines Vaters?". Der Regisseur ist ihr eigener Ehemann: Alles bleibt also in der Familie!

Periodista:	Estamos hablando con Ana Castillo, en su casa. Ana es actriz. Tiene 25 años y está viviendo actualmente en Madrid. Está casada con un director de cine. Ana, ¿qué estás haciendo en este momento?
Ana:	Estoy trabajando en una película muy interesante sobre las relaciones padres-hijos.
Periodista:	¿Y qué título tiene?
Ana:	«¿Soy yo el hijo de mi padre?». Es bonito, ¿no?
Periodista:	¿El nombre del director?
Ana:	Mi marido: Juan del Castillo.
Periodista:	Por lo que veo, todo queda en familia.

la casa	Haus	**la relación**	Beziehung
la actriz	Schauspielerin	**los padres**	Eltern
el año	Jahr	**los hijos**	Kinder (Sohn und Tochter)
tener 25 años	25 J. alt sein	**el título**	Titel
actualmente	zur Zeit	**tener**	haben
casado,-a	verheiratet	**el hijo**	Sohn
el director de cine	Regisseur	**el padre**	Vater
el cine	Kino	**bonito,-a**	hübsch
en este momento	im Augenblick	**el marido**	Ehemann
el momento	Augenblick	**por lo que veo**	wie ich sehe
la película	Film	**ver**	sehen
interesante	interessant	**todo**	alles
sobre	über	**quedar**	bleiben
		la familia	Familie

••• Spricht man vom momentanen Verlauf einer Handlung, so nimmt man eine besondere Form:

§12/162

Estamos hablando.	*Wir sprechen gerade.*
Está viviendo actualmente en Madrid.	*Sie lebt zur Zeit in Madrid.*
¿Qué **estás haciendo** en este momento?	*Was machst du im Moment?*
Estoy trabajando en una película.	*Ich arbeite zur Zeit an einem Film.*

Um eine Handlung im Verlauf auszudrücken („ich bin dabei, etwas zu machen"), gibt es ein einfaches Rezept mit nur zwei Zutaten: Man nehme das Verb estar, das für Sie kein Geheimnis mehr birgt, und füge das hinzu, was „Gerundio" (Verlaufsform) genannt wird. Die Form ist dabei einfacher als der Name!

-ando für die Verben auf **-ar**:	est**ar**	–	est**ando**
-iendo für die Verben auf **-er**:	perd**er***	–	perd**iendo**
-iendo für die Verben auf **-ir**:	viv**ir**	–	viv**iendo**

*perder = verlieren

Verlaufsform

	estar	+ Gerundio
		habl**ando**
(yo)	estoy	hac**iendo**
		viv**iendo**

§6.1/156 ●●● Ein neues, wichtiges Verb ist tener – *haben, besitzen,* denn wer „hat" nicht gerne – z. B. Familie, Haus, Geld ...

tener familia	*eine Familie haben*
tener casa	*ein Haus besitzen*
tener dinero	*Geld haben*

tener – (haben, besitzen) – Präsens

(yo)	**tengo**	(nosotros/-as)	**tenemos**
(tú)	**tienes**	(vosotros/-as)	**tenéis**
(él/ella/usted)	**tiene**	(ellos/ellas/ustedes)	**tienen**

●●● Was man oft nicht so gerne hat, sind Jahre hinter sich! Aber Vorsicht: Auf Spanisch drückt man Altersangaben mit tener – *haben* aus.

Tengo 20 años.	*Ich bin 20 Jahre alt.*
Tiene 2 años.	*Sie ist 2 Jahre alt.*

A: Üben Sie das Verb *tener* und ergänzen Sie folgende Sätze:

1. Yo, por ejemplo, ... 35 años. Y tú, ¿cuántos años .... ?
2. Ana no .... hijos. Pero el periodista .... dos.
3. ¿ .... buenas relaciones con vuestros hijos?

   Sí, ... muy buenas relaciones con ellos.
4. Mis padres .... una casa muy grande con jardín, dos terrazas y tres balcones.
   ¡No me digas!

Sie sind nun in Spanien ...

Haben Sie Familie oder leben Sie allein – auf Spanisch kein Problem!

vivo solo,-a	ich lebe allein
soy casado,-a	ich bin verheiratet
soy soltero,-a	ich bin ledig
soy separado,-a	ich lebe getrennt

mi mujer	meine Frau	**mi esposa**	meine Frau
mi marido	mein Mann (Spanien)	**mi esposo**	mein Mann (Lateinamerika)

el padre	der Vater	**el hijo**	der Sohn
la madre	die Mutter	**la hija**	die Tochter
los padres	die Eltern	**los hijos**	die Kinder
el hermano	der Bruder	**la hermana**	die Schwester

B: Wer ist wer in dieser spanischen Kleinfamilie?

Paco Carmen Elisa Alberto Pepe

*Alberto es **el hijo** de Paco y Carmen.*

Pepe es .... de Alberto.

Paco es .... de Carmen.

Carmen es .... de Elisa, Pepe y Alberto.

Elisa es .... de Pepe.

Elisa, Pepe y Alberto son .... de Paco y Carmen.

Carmen es .... de Paco.

Verniedlichung

Vieles ist im lateinamerikanischen Spanisch schon anders: z. B. der Ehemann – in Spanien ist er **el marido**, in Lateinamerika **el esposo**. Auch die Neigung zu Verkleinerungssilben ist in Lateinamerika größer als in Spanien: **ahorcita** (**ahora** = nun + **cita**) = gleich, sofort; **cansadito** (**cansado** = müde + **ito)** = ein bisschen müde.
Wir haben auch schon gesehen, wie durch Anhängen einer Verkleinerungssilbe **pueblo** (Dorf) zu **pueblecito** (Dörflein) wurde.
Diese familiären Verkleinerungssilben (die häufigsten sind **-ito** oder **-cito** bzw. **-ita** oder **-cita**) **un minutito**, **mi casita** (eine kurze Minute, mein Häuschen) werden oft verniedlichend oder affektiv gebraucht. Es bedeutet nicht unbedingt, dass das Häuschen auch tatsächlich klein ist!

Zukunftspläne

Das Interview wird fortgeführt. Ana hat vor, nach Beendigung der Dreharbeiten nach Argentinien zurückzukehren. Sie wird dort mit ihrem Ehemann bis zum Jahresende ein Theaterstück aufführen, welches in Spanien ein großer Publikumserfolg war. Die Heldin des Stückes ist Doña Rosita, eine Junggesellin.

Periodista:	¿Qué proyectos tienes para el futuro?
Ana:	Primero, terminar esta película. Luego voy a volver a Argentina. Vamos a llevar una obra de teatro que acabamos de presentar aquí.
Periodista:	Hablas de «Doña Rosita la soltera». ¡Qué éxito de público!
Ana:	Sí, desde el día del estreno, un verdadero éxito: todas las localidades agotadas.
Periodista:	¿Cuántas funciones vais a dar?
Ana:	Si doña Rosita no se nos casa antes, hasta finales de año.

el proyecto	Projekt	**¡qué...!**	was für ein/e...!
el futuro	Zukunft	**el éxito de público**	Publikumserfolg
primero	zuerst	**el éxito**	Erfolg
terminar	beenden	**el público**	Publikum
luego	dann, danach	**desde**	seit
ir + a + *Infinitiv*	*Ausdruck der Zukunft (ich werde ...)*	**el estreno**	Premiere
		la localidad	Theaterkarte
volver	zurückfahren	**agotado,-a**	ausverkauft
llevar	mitnehmen	**¿cuánto,-a?**	wie viel?
la obra de teatro	Theaterstück	**la función**	Vorstellung
la obra	Werk	**si no se nos casa**	wenn sie nicht heiratet
el teatro	Theater	**casarse**	heiraten
acabar + de + *Infinitiv*	*Ausdruck der Vergangenheit (ich habe soeben ...)*	**antes**	vor
		hasta finales de año	bis zum Jahresende
el, la soltero,-a	Junggeselle/in	**el final**	Ende

••• Die Spanier sind wirklich präzise Leute: sie unterscheiden zwischen einer weit entfernten und einer nahen Zukunft. Diese nahe Zukunft bildet man mit dem Verb ir – *gehen*. Zusammen mit a + Infinitiv bedeutet es „werden".

§8/159

Voy a volver a Argentina.	*Ich werde nach Argentinien zurückkehren.*
Vamos a llevar una obra de teatro.	*Wir werden ein Theaterstück mitnehmen.*
¿Cuántas funciones **vais a dar?**	*Wie viele Vorstellungen werdet ihr geben?*

Futur

	ir +	a	+ Infinitiv
(yo)	voy	a	
(tú)	vas	a	
(él/ella/usted)	va	a	llevar
(nosotros/-as)	vamos	a	volver
(vosotros/-as)	vais	a	vivir
(ellos/ellas/ ustedes)	van	a	

Vergessen Sie nicht das a zwischen ir und dem darauf folgenden Verb!

● ● ● Auch was die Vergangenheit angeht, wollen die Spanier sich ganz genau ausdrücken und sie haben ein spezielles Rezept, um eine Handlung, die soeben stattgefunden hat, zu bezeichnen.
Dieses Rezept geht so: acabar + de + Infinitiv (soeben etwas getan haben).

Una obra que acabamos de presentar. — *Ein Stück, das wir soeben aufgeführt haben.*

Vergangenheit

	acabar	+ de	+ Infinitiv
(yo)	acabo	de	
(tú)	acabas	de	
(él/ella/usted)	acaba	de	presentar
(nosotros/-as)	acabamos	de	volver
(vosotros/-as)	acabáis	de	escribir
(ellos/ellas/ ustedes)	acaban	de	

Acabar bedeutet übrigens „beenden, enden" und ist glücklicherweise völlig regelmäßig!

A: Wer hat soeben was gemacht? Ergänzen Sie die Antworten mit der richtigen Form von *acabar de*:

¿Su madre? .... terminar el trabajo.

¿Vosotros? .... ver la película de Ana.

¿Sus padres? .... volver a casa.

¿Su marido? .... hablar con el director.

¿Sus amigas? .... ir a la playa.

¿Y usted? ....

Sie sind nun in Spanien ...

Interessieren Sie sich für Kino oder Theater?

el cine	das Kino
la película	der Film
una película seria	ein ernster Film
una película divertida	ein lustiger Film
el director de cine	der Regisseur
el actor	der Schauspieler
los actores	die Schauspieler
la función	die Vorstellung
una entrada para ...	eine Eintrittskarte für ...
¿A qué hora empieza (termina) la función?	Um wie viel Uhr beginnt (hört ... auf) die Vorstellung?

B: Morgen machen alle frei und ... Sie erzählen es auf Spanisch:

– Was wirst du tun?
– Ich werde meine Eltern anrufen. Sie kommen morgen aus den Ferien zurück. Aber mein Freund wird in Urlaub fahren.

– Und ihr, du und deine Tochter, was werdet ihr tun?
– Wir werden uns einen Film anschauen.

....

....

....

....

....

Berühmte Filmregisseure

Obwohl Kino in Spanien zu den beliebtesten Vergnügungen gehört, hat auch der spanische Film mit der Konkurrenz von Video und Fernsehen zu kämpfen. International ist der spanische Film weniger bekannt, auch wenn es so hervorragende Regisseure wie Luis Buñuel oder Carlos Saura gibt. In letzter Zeit jedoch hat es Pedro Almodóvar geschafft, mit seinen etwas skurrilen Filmen (u.a. „Frauen am Rande eines Nervenzusammenbruchs") sich auch weit über Spaniens Grenzen hinaus einen Namen zu machen.

5c Lügen verboten!

Ende des Interviews: das bekannte Frage- und Antwortspiel zu den „Dingen des Lebens": Freundschaft, Treue, Liebe, Familie, Ehe, Politik. Ana gefällt dieses Spiel; sie antwortet offen auf alle Fragen.

Periodista: Ana, proponemos un juego a todos los actores que visitamos. ¿Lo conoces?

Ana: Pues sí y me gusta mucho.

Periodista: Entonces, ¿qué piensas de la amistad?

Ana: Me gustan los amigos sinceros y divertidos.

Periodista: ¿La fidelidad?

Ana: Me parece una tontería. No existe. ¡Ojo! ¡A mi marido le parece muy importante!

Periodista: ¿El amor?

Ana: Me gusta esa palabra. Si no hay amor, no hay vida.

Periodista: ¿La familia?

Ana: Un mal indispensable. Me gusta y no me gusta.

Periodista: ¿El matrimonio?

Ana: Lo soporto. Me parece el primer paso para el divorcio.

Periodista: ¿La política?

Ana: La detesto. Los políticos no me gustan. Eso sí, me parecen muy buenos actores.

Periodista: ¿Las entrevistas?

Ana: Las odio.

Periodista: ¿Los periodistas?

Ana: A veces los encuentro simpáticos. Y vosotros, ¿qué pensáis?

Periodista: Estamos completamente de acuerdo.

proponer	vorschlagen
el juego	Spiel
el actor	Schauspieler
visitar	besuchen
gustar	gefallen
la amistad	Freundschaft
el amigo	Freund
la amiga	Freundin
sincero,-a	ehrlich
divertido,-a	unterhaltsam
la fidelidad	Treue
parecer	scheinen
la tontería	Dummheit
existir	existieren
¡ojo!	Achtung!
a mi marido	meinem Mann
importante	wichtig
el amor	Liebe
la palabra	Wort
la vida	Leben
el mal	Übel
indispensable	unumgänglich
el matrimonio	Ehe
soportar	ertragen
el paso	Schritt
el divorcio	Scheidung
la política	Politik
detestar	hassen
el político	Politiker
la entrevista	Interview
odiar	hassen
a veces	manchmal
encontrar	finden
simpático,-a	sympathisch
completamente	ganz und gar
de acuerdo	einverstanden

••• Hier nun zwei sehr gebräuchliche Verben: gustar – *gefallen, mögen* und parecer – *scheinen*. Diese beiden Verben werden Ihnen nun helfen, Ihre Meinung oder Ihren Geschmack auszudrücken:

Me gusta mucho.	*Es gefällt mir gut.*
Me gusta esa palabra.	*Dieses Wort gefällt mir gut.*
La fidelidad **me parece** una tontería.	*Treue ist für mich Unfug.*

••• Wenn das, was Ihnen gefällt (oder auch nicht), in der Mehrzahl steht, hängen Sie einfach ein -n an das Verb an:

Los políticos me **parecen** muy buenos actores.	*Politiker scheinen mir sehr gute Schauspieler zu sein.*

Me gusta	esta	película.	Mir gefällt dieser Film.
Me gustan	estas	películas.	Mir gefallen diese Filme.

••• Wenn Sie jetzt noch die anderen Formen des Personalpronomens im Dativ (auf die Frage: Wem?) lernen, können Sie auch etwas über den Geschmack anderer Leute sagen:

§16.1/170

Personalpronomen im Dativ

me gusta...	ich mag ...	**nos** gusta...	wir mögen ...
te gusta...	du magst ...	**os** gusta...	ihr mögt ...
le gusta...	er/sie mag ...	**les** gusta...	sie mögen ...
	Sie mögen ...		Sie mögen ...

Und wenn Sie andere nach ihrer Meinung fragen wollen:

¿**Te** gusta Juan Miró?	*Magst du Juan Miró?*
¿**Le** gusta España, señora Webster?	*Gefällt Ihnen Spanien, Frau Webster?*
¿**Les** gusta Madrid, señores?	*Gefällt Ihnen Madrid (meine Herrschaften)?*

● ● ● Natürlich gibt es diese persönlichen Fürwörter auch im Akkusativ (auf die Frage „Wen oder was?") und sie stehen ebenfalls vor dem Verb in der Personalform. Kompliziert? Nein, ganz einfach... besonders, da die 1. und 2. Personen Singular me, te und Plural nos, os wie beim Dativ sind. Nur in der 3. Person muss man aufpassen:

Personalpronomen im Akkusativ

Einzahl	männl.	**lo** veo*	veo el libro / al hombre
	weibl.	**la** veo	veo la casa / a la mujer
Mehrzahl	männl.	**los** veo	veo los libros / a los hombres
	weibl.	**las** veo	veo las casas / a las mujeres

* Ich sehe ihn / es ...

Bald werden Sie die Pronomen so locker wie Ana gebrauchen:

¿El matrimonio? **Lo** soporto.	*Die Ehe? Ich ertrage sie.*
¿La política? **La** detesto.	*Die Politik? Ich verabscheue sie.*
¿Los periodistas? **Los** encuentro simpáticos.	*Journalisten? Ich finde sie sympathisch.*
¿Las entrevistas? **Las** odio.	*Interviews? Ich hasse sie.*

A: Sagen Sie nun auch Ihre eigene Meinung zu:

la amistad – el amor – el matrimonio – el divorcio – la fidelidad – la política – la familia – el cine – el teatro.

Verwenden Sie:
gustar – preferir – no gustar – detestar – odiar – soportar – me parece... – encuentro... – pienso que... .

Beispiel: Detesto la política.

Sie sind nun in Spanien ...

Wie finden Sie die Menschen in Ihrer Umgebung?

es...	er / sie ist ...
simpático,-a / antipático,-a	sympathisch / unsympathisch
abierto,-a / cerrado,-a	offen / verschlossen
tonto,-a / inteligente	dumm, doof / klug
sincero,-a / guapo,-a	aufrichtig / hübsch

B: Auf jede Frage kommt eine Antwort ... mit dem passenden Personalpronomen:

1. ¿Me presentas, por favor? Sí, ... presento.
2. ¿Le gusta a usted este libro? Sí, ... gusta.
3. ¿Nos conocéis? Sí, ... conocemos.
4. ¿Le gusta a María esta casa? Sí, ... gusta.

Familie und Wohnung

Die Familie spielt in Spanien nach wie vor eine große Rolle. Die klassische Großfamilie ist allerdings nur noch auf dem Land zu finden. Für junge Familien ist es sehr schwierig, in der Stadt eine Wohnung zu finden. Diese sind Mangelware und mindestens so teuer wie in Deutschland. Junge Paare versuchen daher eher, eine Wohnung im Außenbezirk einer Stadt zu kaufen. Die ist dann oft trotzdem so teuer, dass man sie sein Leben lang abzahlen muss. Die andauernde Wohnungsnot in Spanien ist auch in der Politik ein immer wieder brisantes Thema.

Mit Ihrer Kassette/CD:

A: Hören und lesen Sie noch einmal jeden Mini-Dialog (5a, 5b, 5c).

B: Hören Sie und wiederholen Sie:

a) ¿Es bonito, no? – ¿Qué título tiene? – ¿Qué proyectos tienes? – ¿Qué piensas de la amistad?

b) Madrid – trabajando – padre – estreno – entrevista.

C: Beenden Sie die Sätze mit den Wörtern aus der vorigen Übung Bb):

Estoy trabajando en ....

Estamos haciendo una ....

Estoy viviendo con mi ....

D: Erinnern Sie sich an die Ausdrücke in „Sie sind nun in Spanien"? Sprechen Sie sie nach! (Den Text dazu finden Sie auf den Seiten 58, 63 und 67.)

E: Hören Sie noch einmal die gesamte Einheit 5.

Überprüfen Sie nun, was Sie schon können:

F: Setzen Sie das passende Wort ein:

Está	(escuchar la radio)	Está *escuchando la radio.*
Está	(hablar mucho)	....
Están	(vivir aquí)	....
Está	(hacer un juego)	....
Está	(llamar por teléfono)	....
Están	(tener éxito)	....
Están	(trabajar aquí)	....

G: Ergänzen Sie mit **gustar** oder **parecer**:

1.
– ¿ Qué te .... esta película?

– Me .... mucho.

2.
– ¿ Le .... el cine español?

– Sí, me .... muyinteresante.

3.
– ¿Qué te .... estos actores?

– No me .... buenos.

4.
– ¿Te .... estas chicas?

– Me .... muy guapas. ¿Y a ti?

H: Beantworten Sie folgende Fragen; verwenden Sie dabei die passenden Personalpronomen:

¿Mandas estas cartas?	Sí, *las* mando.
¿Visitamos a tu padre?	Sí, ... visitamos.
¿Leen ustedes estos libros?	Sí, ... leemos.
¿Propone (él) este juego?	Sí, ... propone.
¿Vas a ver a tu amiga?	Sí, ... voy a ver.

I: Verbinden Sie jede Frage mit der entsprechenden Antwort:

¿Qué piensas...

1. de las películas del Oeste?	a. Los encuentro entretenidos.
2. de esta obra de teatro?	b. Las encuentro divertidas.
3. de los programas de televisión?	c. Lo encuentro muy bueno.
4. de este director?	d. No me parece mala, la encuentro interesante.

J: Bringen Sie das folgende Telefongespräch in Ordnung:

1. ¿Perdón, está su hijo en casa?	a. Vale. Adiós.
2. ¿Va a ir a la oficina?	b. Va a volver a las nueve.
3. ¿A qué hora vuelve?	c. No, lo siento.
4. Bueno, lo voy a llamar por la noche.	d. No, hoy no va a trabajar.

6a Kurznachrichten

Nachrichtensalat am Abend: Der Ministerpräsident bleibt den Gewerkschaften gegenüber unnachgiebig; eine gute Mahlzeit erwies sich aber offenbar in der Gehaltsdiskussion als nützlich. Bald wird es auf den Straßen keine Autofahrer mehr geben, sondern nur noch Anhalter. Die Feuerwehrleute demonstrieren. Und dann erfahren wir noch von der Geburt eines Prinzen, die von der gesetzlichen Krankenversicherung bezahlt wird!

El flash informativo de las diez de la noche en Radio Metrópolis.

– El Presidente del Gobierno ha hablado con los representantes sindicales. Resultado: congelación salarial.
– El Ministro de Trabajo ha comido con los representantes de la patronal. Resultado: aumento de salarios.
– Una idea extraordinaria para la operación «Retorno de vacaciones»: los automovilistas han decidido hacer autostop.
– Otra noticia curiosa: la princesa del Santo Florero ha tenido su primer hijo en una clínica de la Seguridad Social. ¡La aristocracia también cotiza!
– Los bomberos han salido a la calle para protestar por las medidas de seguridad. Resultado: ¡Fuego! ¡Socorro! ¡Socorro! ¡Fuego!

el flash informativo	Kurznachrichten
el presidente	Präsident
el gobierno	Regierung
el representante sindical	Gewerkschaftsvertreter
el resultado	Ergebnis
la congelación salarial	Einfrierung Gehalts-
el ministro	Minister
el trabajo	Arbeit
comer	essen
la patronal	Arbeitgeber
el aumento	Erhöhung
el salario	Gehalt
la idea	Idee
extraordinario	außergewöhnlich
la operación	Operation
el retorno	Rückkehr
el, la automovilista	Autofahrer/in

decidir	beschließen
hacer autostop	trampen
otro, otra	andere/r
la noticia	Nachricht
curioso,-a	seltsam
la princesa	Prinzessin
la clínica	Klinik
la seguridad social	Sozialversicherung
la seguridad	Sicherheit
la aristocracia	Aristokratie
cotizar	Beiträge zahlen
el bombero	Feuerwehrmann
salir	hinausgehen
protestar	protestieren
las medidas de seguridad	Sicherheitsmaßnahmen
el fuego	das Feuer
¡socorro!	Hilfe!

••• Wir leben ja in der Gegenwart, wollen aber oft erzählen, was in der Vergangenheit passiert ist:

El Presidente del Gobierno ha hablado.	*Der Regierungschef hat gesprochen.*
Los automovilistas han decidido hacer autostop.	*Die Autofahrer haben beschlossen, per Anhalter zu fahren.*

••• Das Perfekt, die zusammengesetzte Vergangenheit („Perfecto Compuesto") setzt sich, wie schon die Bezeichnung sagt, aus zwei Wörtern zusammen: aus dem §7/158
Hilfsverb haber – *haben* und dem Partizip Perfekt, z.B. comido – *gegessen.* §6/156

Perfecto Compuesto

	haber	+ Partizip Perfekt
(yo)	he	
(tú)	has	
(él/ella/usted)	ha	habl**ado**
(nosotros/-as)	hemos	com**ido**
(vosotros/-as)	habéis	sal**ido**
(ellos/ellas/ustedes)	han	

Eine gute Nachricht: Ob es im Deutschen „ich habe gegessen" oder „ich bin gegangen" heißt, im Spanischen nimmt man immer haber.

Wichtig ist nur, haber (*haben* nur in zusammengesetzten Zeiten) und tener (*haben* als Vollverb) nicht zu verwechseln.

He comido bien.	*Ich habe gut gegessen.*
Tengo una buena idea.	*Ich habe eine gute Idee.*
He tenido vacaciones.	*Ich habe Ferien gehabt.*

● ● ● Wie kommt man nun zu -ado und -ido? Ganz einfach:
bei den Verben auf -ar: -ar weg und -ado dran
bei den Verben auf -er und -ir: -er bzw. -ir weg und -ido dran. Schon passiert!

● ● ● Wann verwenden die Spanier diese Zeit? Für eine Handlung in der Vergangenheit, das ist klar. Aber nur, wenn sie noch nicht so lange vorbei ist oder wenn die Folgen dieser Handlung in der Gegenwart noch von Bedeutung sind.

Esta mañana, el Presidente **ha hablado** con los bomberos.	*Heute morgen sprach der Präsident mit den Feuerwehrleuten.*

Perfecto Compuesto: Handlung in Verbindung zur Gegenwart

● ● ● Erinnern Sie sich? Das Pronomen gehört immer vor das konjugierte Verb.

¿La aristocracia? **La** detesto.	*Der Adel? Ich verabscheue ihn.*

So ist es nur logisch, wenn auch beim Perfekt das Pronomen vor die zusammengesetzte Verbform kommt:

(No) He llamado a mi compañero.	*Ich habe meinen Kollegen (nicht) angerufen.*
(No) **Lo** he llamado.	*Ich habe ihn (nicht) angerufen.*
Todavía no **lo** he llamado.	*Ich habe ihn noch nicht angerufen.*

A: So viele unnötige Fragen ...

¿Vas a visitar a tu madre?	***No, ya la he visitado.***
1. ¿Vas a visitar a tu padre?	No, ya ....
2. ¿Vas a hablar con tu amiga?	No, ya .... con ella.
3. ¿Tu hija va a ir al cine hoy?	No, ya ....
4. ¿Ya .... la postal?	Sí, ya la hemos encontrado.
5. ¿Ya .... a tu hermano?	Sí, ya le he informado.

Sie sind nun in Spanien ...

Sie wollen über Politik reden:

La política me interesa.	Ich interessiere mich für Politik.
las elecciones	die Wahlen
el Gobierno	die Regierung
el Presidente del Gobierno	der Ministerpräsident
el Canciller Federal	der Bundeskanzler
el partido	die Partei
socialista / conservador,-a	sozialistisch / konservativ
la reunificación alemana	die deutsche Wiedervereinigung
el dinero	das Geld

B: Nicht immer schafft man, was man sich vorgenommen hat. Sie auch nicht?

1. ¿Has estudiado el programa? No, todavía no lo ....
2. ¿Has presentado a la periodista? No, todavía ....
3. ¿Has mandado el telegrama? No, ...
4. ¿Has llamado a tus hermanos? No, ...
5. ¿Has terminado las cartas? No, ...
6. ¿Has respondido a sus preguntas? No, ...

Das politische System in Spanien

Spanien ist eine parlamentarische Monarchie. Der König heißt Rey Juan Carlos. Nach dem Tod Francos im Jahre 1975 übernahm die PSOE (Partido Socialista Obrero de España) die Regierung. Ministerpräsident war ab 1982 Felipe González. Im Jahre 1995 gelang es der PP (Partido Popular), die politische Führung des Landes zu übernehmen. Neuer Ministerpräsident wurde José María Azuar.

6b Aktuelles vom Sport

Hier die Sportnachrichten vom Wochenende: Einen schwarzen Tag hatten die Rot-Weißen von Atlético, die in der Liga gegen Barcelona verloren; glorreicher Sieg der spanischen Basketball-Spieler und der kubanischen Schwimmer; die Radrennfahrer der Spanien-Rundfahrt protestieren gegen den schlechten Straßenzustand; unerträgliche Schande für einen Torero, den der Stier auf die Hörner genommen hat.

Y a continuación le vamos a preguntar a nuestro compañero de deportes, los resultados de este fin de semana.

– ¿Qué les puedo decir? Una verdadera catástrofe para el Atlético de Madrid. El Barça ha ganado por cinco goles a cero, en el partido de Liga. ¡Negro porvenir para los rojiblancos!
– En cambio para el baloncesto, ha sido una tarde feliz. La selección española ha hecho un partido extraordinario frente a los franceses.
– Natación. Los americanos han perdido el título de campeones frente a los cubanos. ¡Una verdadera revolución!
– Ciclismo. Los corredores de la Vuelta a España han escrito una carta para protestar por el estado de las carreteras. Los organizadores no les han respondido.
– Toros. Corrida excepcional en la Maestranza de Sevilla. El toro «le ha puesto los cuernos» al torero Periquín. Sin comentario.

a continuación	und nun
el compañero	Kollege
el fin de semana	Wochenende
decir	sagen
la catástrofe	Katastrophe
el Atlético, el Barça	*Fußballmannschaften aus Madrid bzw. Barcelona*
ganar	gewinnen
el gol	Tor
el partido	Spiel *(Sport)*
la Liga	Liga
negro,-a	schwarz
el porvenir	Zukunft
los rojiblancos	die Rot-Weißen *(Madrider Spieler)*
rojo,-a	rot
blanco,-a	weiß
en cambio	dagegen
el baloncesto	Basketball
feliz	glücklich
la selección	Mannschaft
español,-a	spanisch
el francés	Franzose
la natación	Schwimmen
el americano	Amerikaner
perder	verlieren
el campeón	Meisterschaft
el cubano	Kubaner
la revolución	Revolution
el ciclismo	Radrennsport
el corredor	Radrennfahrer
la vuelta a España	die Spanien-Rundfahrt
escribir	schreiben
el estado	Zustand
la carretera	Straße
el organizador	Veranstalter
el toro	Stier
la corrida	Stierkampf
excepcional	außergewöhnlich
la Maestranza	*Stierkampfarena in Sevilla*
poner los cuernos	auf die Hörner nehmen
el torero	Stierkämpfer
sin	ohne
el comentario	Kommentar

• • • Manchmal wollen wir betonen, dass uns etwas gefällt, aber anderen nicht:

A mí me interesa el ciclismo, pero a ti no te interesa, ¿verdad? — *Mich interessiert der Radrennsport, aber dich interessiert er nicht, nicht wahr?*

Um dies auszudrücken, reicht das einfache Fürwort me interesa el ciclismo nicht aus, sondern es wird „verdoppelt" durch ein anderes Personalpronomen: §16.1/170

A mí no **me** interesa. — *Mich interessiert es nicht.*

Doppeltes Personalpronomen — Einzahl

a mí	me	interesa...	mich interessiert ...
a ti	te	interesa...	dich interessiert ...
a él	le	interesa...	ihn interessiert ...
a ella	le	interesa...	sie interessiert ...
¿a usted	le	interesa... ?	interessiert Sie ...?

Und im Plural:

Doppeltes Personalpronomen			Mehrzahl
a nosotros/-as	nos	interesa...	uns interessiert ...
a vosotros/-as	os	interesa...	euch interessiert ...
a ellos	les	interesa...	sie interessiert ...
a ellas	les	interesa ...	sie interessiert ...
¿a ustedes	les	interesa ...?	interessiert Sie ... ?

Diese Pronomen werden auch selbständige Pronomen genannt, weil sie im Gegensatz zu den anderen auch alleine stehen können:

A él le gusta el programa, **a mí** no.	*Ihm gefällt das Programm, (aber) mir nicht.*
A ella le gusta la película, ¿y **a ti**?	*Ihr gefällt der Film, und dir?*

••• Sehr spanisch ist die Ankündigung der Person (meist im Dativ) durch ein Pronomen:

Le vamos a preguntar a nuestro compañero.	*Wir werden unseren Freund fragen.*
Le he dicho a Paco, que estoy cansado.	*Ich habe Paco gesagt, dass ich müde bin.*
Le voy a escribir a Carmen, que la quiero.	*Ich werde Carmen schreiben, dass ich sie liebe.*

↑§13.2/164

••• Hier noch einige Verben, die nicht so sein wollen wie andere und ein unregelmäßiges Partizip Perfekt bilden:

Unregelmäßige Formen des Partizip Perfekt

hacer	machen	**hecho**	gemacht
decir	sagen	**dicho**	gesagt
escribir	schreiben	**escrito**	geschrieben
ver	sehen	**visto**	gesehen
poner	setzen, legen, stellen,(Radio) einschalten	**puesto**	gesetzt, usw.

A: So viel Grammatik muss geübt werden, stimmt's? Ergänzen Sie folgende Sätze mit dem passenden Pronomen:

¿Te interesa la política?	***A mí** me interesa, pero a él no.*
¿Le gusta a usted el tenis?	.... me gusta, pero a él no.
¿Le interesa a él el deporte?	.... le interesa, pero a mí no.
¿Crees que esto me puede interesar a mí?	.... te puede interesar, pero a nosotros no.

Sie sind nun in Spanien ...

Wollen Sie Sport treiben? Oder gehören Sie zu den Passivsportlern?

el deporte	der Sport
practicar un deporte	Sport treiben
nadar	schwimmen
la natación	der Schwimmsport
hacer footing	joggen
jugar al tenis / al futbol	Tennis / Fußball spielen
los Juegos Olímpicos	die Olympischen Spiele

B: Je öfter man die unregelmäßigen Perfektformen übt, desto normaler erscheinen sie:

Hoy he .... (hacer) muchas cosas (Sachen).

¿Ha .... (usted, ver) a mi hermana?

¿Por qué no me han .... (decir) nada?

No sé quién me ha .... (escribir) esta postal.

He .... (poner) la radio. ¿Te gusta el programa?

Spanien und der Sport

Spanier sind begeisterte Passivsportler – zu ersehen auch an den hohen Auflagen der beiden Sporttageszeitungen **As** und **Marca**. Als aktive Sportler sind sie im Fußball, im Basketball und im Golf sehr gut. Was den Stierkampf betrifft, so gehen die Meinungen auseinander: Für die einen ist er Tierquälerei, für die anderen hohe Kunst. Wie auch immer: Noch heute ist die Zahl der **aficionados** („Fans") sehr hoch, die **Plazas de toros** ausverkauft ... und die Gewinne ... riesig!

Mit Ihrer Kassette/CD:

A: Hören und lesen Sie noch einmal jeden Mini-Dialog (6a, 6b).

B: Hören Sie und wiederholen Sie:

a) ¡Socorro! ¡Socorro! – ¡Negro porvenir para los rojiblancos! – ¡Una verdadera revolución!

b) radio – resultado – representante – retorno – corrida.

C: Ergänzen Sie die Sätze mit drei Wörtern aus der vorigen Übung Bb):

Estas son las noticias de la ....

Hay mucho público en la ....

Hoy juegan los españoles contra los italianos. No sabemos el ....

D: Erinnern Sie sich an die Ausdrücke in „Sie sind nun in Spanien"? Sprechen Sie sie nach! (Den Text dazu finden Sie auf den Seiten 73 und 77.)

E: Hören Sie noch einmal die gesamte Einheit 6.

Überprüfen Sie nun, was Sie schon können:

F: Setzen Sie folgende Verben in die richtige Form:

poder – comer – trabajar – salir

Este domingo he .... en casa por la mañana.

Luego, he .... en un restaurante con unos amigos.

Hemos .... del restaurante a las cuatro de la tarde.

Por eso, no te he .... llamar.

G: Wählen Sie die passende Verbform aus:

he (4 x) – has – ha – hemos – habéis

–¿Y tú? ¿Qué .... hecho este fin de semana?

– Pues, me .... quedado en casa y .... estudiado español.

–¿Y vosotros, ... estudiado también?

– No, ... ido a la playa.

–¿Y usted? ¿... pasado un buen fin de semana?

– Sí, ... estado en una corrida y me .... divertido mucho.

H: Bilden Sie die passenden Fragen:

¿Has llegado temprano?	*– Sí, he llegado temprano.*
¿...?	– Sí, he escrito las cartas.
¿...?	– No, no hemos hecho la comida.
¿...?	– No, no hemos puesto la tele.
¿...?	– No, papá no ha vuelto todavía.

I: Setzen Sie das passende Personalpronomen ein:

¿A mis padres? No, todavía no .... he dicho nada.

¡Oiga, usted! .... he hecho una pregunta.

Y a ustedes, ¿... han mandado los formularios?

¿A los sindicatos? No, el gobierno no .... ha respondido.

¿A ustedes no .... ha parecido bonita esta ciudad?

A ellos no .... ha gustado la paella.

J: Bringen Sie das folgende Telefongespräch in Ordnung:

1. Te he llamado toda la tarde.	a. Muy bien. Le he ganado.
2. ¿Qué has hecho?	b. No. Estoy muy cansado. No voy a salir.
3. ¿Ah sí? ¡Qué bien! ¿Y cómo te ha ido?	c. Es que no he estado en casa.
4. ¿No quieres ir al cine?	d. He ido a jugar al tenis con Carlos.

7a Als Paco klein war ...

Jugenderinnerungen und Anfänge einer Berufung: Schon als kleiner Junge träumte Paco davon, Damenfriseur zu werden. Er begleitete immer seine Schwestern in den Friseursalon, bewunderte die Verwandlungskünste der Frauen und hörte begeistert ihren Gesprächen zu. Schon damals faszinierte ihn die Welt der Frauen. Auch heute noch?

Periodista:	Paco, ¿qué querías ser de pequeño?
Paco:	Bueno, cuando tenía cinco años, quería ser peluquero.
Periodista:	¿Y por qué?
Paco:	Yo iba con mis hermanas a la peluquería. Las acompañaba porque era un lugar que me fascinaba.
Periodista:	¿Qué te fascinaba?
Paco:	Ver como un peinado, un maquillaje, un corte de pelo cambiaban a la gente, la transformaban.
Periodista:	¿Y qué hacías tú? ¿No te aburrías?
Paco:	¡Qué va! Me divertía mucho. Me encantaba escuchar las conversaciones de las mujeres. Ese mundo femenino me atraía enormemente.
Periodista:	¿Y ahora?
Paco:	¿Tú qué crees?

pequeño,-a	klein	**aburrirse**	sich langweilen
cuando	als	**¡qué va!**	ach was!
el peluquero	Friseur	**divertirse**	s. amüsieren, gut gefallen
la hermana	Schwester	**encantar**	begeistern
la peluquería	Friseurgeschäft	**escuchar**	(zu-)hören
acompañar	begleiten	**la conversación**	Gespräch
fascinar	faszinieren	**el mundo**	Welt
el peinado	Frisur	**femenino,-a**	weiblich
el maquillaje	Make-up	**atraer**	anziehen
el corte de pelo	Haarschnitt	**enormemente**	sehr, ungemein
el pelo	Haar	**ahora**	jetzt
cambiar	ändern		
transformar	verändern, verwandeln		

••• Eine ganz neue Zeit, das Imperfekt („Imperfecto"):

Quería ser peluquero. — *Ich wollte Friseur werden.*
Ese mundo me atraía mucho. — *Diese Welt zog mich sehr an.*

Wofür Sie das Imperfekt brauchen? Nun, um etwas zu erzählen, was schon geschehen ist. Das können Sie schon? Richtig: mit der zusammengesetzten Vergangenheit. Das funktioniert aber nur, wenn es einen Bezug zur Gegenwart gibt oder das Geschehene noch nicht allzu lange vorbei ist. Erinnern Sie sich? §7/158

Todavía no ha visto a su jefe. — *Er hat seinen Chef noch nicht gesehen.*

Perfekt: Bezug zur Gegenwart

••• Aber oft will man ja von früher erzählen: wie es früher war, was man als Kind so gemacht hat oder auch, was man immer wieder gemacht hat. Wann es genau war, ist dabei nicht so wichtig:

Yo las **acompañaba**. — *Ich begleitete sie.*
Me **encantaba** escuchar las conversaciones. — *Es begeisterte mich, den Gesprächen zuzuhören.*

Imperfekt: für Zustände, wiederholte Handlungen, zeitlich nicht konkret definierte Handlungen im Verlauf

Dafür brauchen Sie also das Imperfekt. Die Formen sind sehr leicht zu lernen, wobei – Sie kennen das ja schon – zwischen den Verben auf -ar und denen auf -er und -ir unterschieden wird:

Imperfekt

	acompañar (begleiten)	**querer** (wollen, lieben)	**divertir** (amüsieren)
(yo)	acompañ**aba**	quer**ía**	divert**ía**
(tú)	acompañ**abas**	quer**ías**	divert**ías**
(él/ella/usted)	acompañ**aba**	quer**ía**	divert**ía**
(nosotros/-as)	acompañ**ábamos**	quer**íamos**	divert**íamos**
(vosotros/-as)	acompañ**abais**	quer**íais**	divert**íais**
(ellos/ellas/ ustedes)	acompañ**aban**	quer**ían**	divert**ían**

●●● Wenn Sie jetzt noch erfahren, dass es tatsächlich nur drei unregelmäßige Formen gibt, ist das Imperfekt für Sie eigentlich perfekt!

ir:	Yo **iba** a la peluquería.	*Ich ging zum Friseur.*
ser:	Este lugar **era** muy **interesante**.	*Dieser Ort war sehr interessant.*
ver:	**Veía** como un peinado cambiaba a la gente.	*Ich sah, wie eine Frisur die Leute veränderte.*

Die Personenendungen dieser Verben sind dabei ganz regelmäßig:

ir: **iba – ibas – iba...**
ser: **era – eras – era...**
ver: **veía – veías – veía...**

A: So ändern sich die Zeiten ... Finden Sie die passende Verbform:

antes	*hoy*
La gente...	
1. (tener) .... más tiempo.	.... poco tiempo libre.
2. (divertirse) .... sin dinero.	.... sólo con dinero.
3. (ir) .... poco de vacaciones	.... mucho de vacaciones.
4. (comer) .... poca carne.	.... mucha carne.
5. No (conocer) .... otros países.	.... otros países.
6. No (ver) .... la televisión.	.... mucho la tele.
7. (preferir) .... vivir en familia.	Mucha gente ....vivir sola.

Sie sind nun in Spanien ...

Wollen Sie zum Friseur? Dann lassen Sie sich am besten vorher einen Termin geben:

¿Me puede dar hora?	Können Sie mir einen Termin geben?
¿Me puede lavar el pelo?	Können Sie mir die Haare waschen?
lavar; secar; cortar	waschen; fönen; schneiden
No demasiado corto, por favor.	Nicht zu kurz, bitte.
Sólo las puntas.	Nur die Spitzen.
¿Cuánto cuesta el corte?	Wie viel kostet der Schnitt?
la permanente	die Dauerwelle

B: Wie verbrachten Sie als Kind Ihre Ferien? So ... oder anders?

¿Iba usted con sus padres de vacaciones? ...
Sí, iba con mis padres. // No, no íbamos de vacaciones.

1. ¿Iban en coche?
2. ¿Iban al mar?
3. ¿Estaban ustedes en un hotel?
4. ¿Tenían un apartamento?
5. ¿Comían en el hotel?
6. ¿Escribía usted postales?
7. ¿Leía usted muchos libros?
8. ¿Eran verdaderas vacaciones?

Vorschule

Als Paco 5 Jahre alt war und Friseur werden wollte, ging er sicher schon in den **párvulo** (Vorschule) und war vorher in den **jardín de infancia** (Kindergarten) gegangen.
Bei der Vorschulerziehung in Spanien ergibt sich das Problem, dass es zu wenige staatliche und damit kostenlose Plätze gibt. Somit müssen viele ihre Kinder für teures Geld in private Einrichtungen schicken. Die Vorschulerziehung ist zwar nicht obligatorisch, verbessert aber die Schulchancen der Kinder.

7b Als Paloma klein war ...

Wie eine Berufung eine andere verdecken kann: Seit ihrer Kindheit träumte Paloma davon, Mannequin zu werden. Viele Stunden verbrachte sie in den Ankleidekabinen und probierte alles: Kleider, Hüte, Schuhe ... Aber wegen ein paar fehlender Zentimeter musste sie mit dem Beruf der Modedesignerin vorlieb nehmen.

Periodista: Cuando eras pequeña, ¿qué querías ser, Paloma?

Paloma: Desde niña, siempre quise ser modelo. En las tiendas, me pasaba horas y horas en el probador. Me probaba todo: vestidos, sombreros, zapatos, absolutamente todo.

Periodista: ¿Y cómo entraste en el mundo del diseño?

Paloma: Por unos centímetros.

Periodista: No entiendo.

Paloma: Sí: a los 18 años, viví una triste experiencia. Me presenté a un concurso de modelos. ¡Y allí perdí la gran ilusión de mi vida!

Periodista: ¿Qué pasó?

Paloma: ¿Te imaginas? La modelo más pequeña medía 1'70. Y yo con mi metro y medio ¿qué podía ser?

Periodista: ¡Una gran diseñadora!

siempre	immer
la modelo	Fotomodell
la tienda	Laden
pasar	verbringen
la hora	Stunde
el probador	Ankleidekabine
probar	anprobieren
el vestido	Kleid
el sombrero	Hut
el zapato	Schuh
absolutamente	absolut
entrar	eintreten
el diseño	Design
el centímetro	Zentimeter
entender	verstehen
a los 18 años	als ich 18 war
triste	traurig
la experiencia	Erfahrung
allí	dort
gran/grande	groß
la ilusión	Illusion
pasar	geschehen
imaginarse	s. vorstellen
medir 1'70	1'70 groß sein
el metro	Meter
la diseñadora	Designerin

••• Nicht erschrecken! Schon wieder eine Zeit, die dazu dient, etwas zu erzählen, was in der Vergangenheit geschehen ist: Nach dem Perfekt und dem Imperfekt kommt nun das „Indefinido". Die Formen sind etwas schwierig, dafür aber abwechslungsreich:

Indefinido

§7/158

	entrar (eintreten)	**perder** (verlieren)	**vivir** (erleben, leben)
(yo)	entr**é**	perd**í**	viv**í**
(tú)	entr**aste**	perd**iste**	viv**iste**
(él/ella/usted)	entr**ó**	perd**ió**	viv**ió**
(nosotros/-as)	entr**amos**	perd**imos**	viv**imos**
(vosotros/-as)	entr**asteis**	perd**isteis**	viv**isteis**
(ellos/ellas/ustedes)	entr**aron**	perd**ieron**	viv**ieron**

Mit dem „Indefinido" bringen Sie zum Ausdruck eine einmalige Handlung, die sich in einem abgeschlossenen, meist bekannten Zeitraum in der Vergangenheit abspielte, oder aber eine neu einsetzende Handlung, die eine andere unterbricht:

Aquel año **perdí** la gran ilusión de mi vida.	*In diesem Jahr verlor ich die große Illusion meines Lebens.*
Durante muchos años **trabajé** en Madrid.	*Ich arbeitete jahrelang in Madrid.*
Estaba en casa, cuando me **llamó** mi hermana.	*Ich war zu Hause, als mich meine Schwester anrief.*

••• Sie sehen schon: Allmählich lohnt es sich, auf den unterschiedlichen Gebrauch dieser Vergangenheitszeiten zu achten. Denn hier können Sie nicht vom Deutschen ausgehen: Ob man im Deutschen sagt „ich verlor" oder „ich habe verloren", spielt für das Spanische keine Rolle.

Esta mañana **he perdido** mi dinero.	*Heute Morgen habe ich mein Geld verloren.*
La semana pasada **perdí** mi dinero.	*Letzte Woche habe ich mein Geld verloren.*

Gebrauch der Vergangenheitszeiten

§7.2/159
Merken Sie sich diese Faustregeln:

§7.3/159

- **Perfekt:** Handlung in Verbindung zur Gegenwart.
- **Indefinido:** abgeschlossene oder neu eintretende Handlung.
- **Imperfekt:** Wiederholung, Zustandsbeschreibung, zeitlich nicht konkret definierte Handlung im Verlauf.

Einen Trost gibt es: Das war's jetzt mit der Vergangenheit!

••• Jetzt sollen noch zwei neue Verben vorgestellt werden, die unregelmäßige Formen im „Indefinido" haben:

A esta mujer, la quise mucho.	*Ich liebte diese Frau sehr. (Jetzt nicht mehr!)*

Indefinido

	querer (lieben,wollen)	**ser** (sein)
(yo)	**quise**	**fui**
(tú)	**quisiste**	**fuiste**
(él/ella/usted)	**quiso**	**fue**
(nosotros/-as)	**quisimos**	**fuimos**
(vosotros/-as)	**quisisteis**	**fuisteis**
(ellos/ellas/ustedes)	**quisieron**	**fueron**

A: Versuchen Sie, zwischen Imperfekt, Indefinido und Perfekt zu unterscheiden: Was haben Sie als Kind, was in der vergangenen Woche und was diese Woche getan?

	de pequeña	la semana pasada	esta semana
leer mucho	*leía*	*leí*	*he leido*
ver la tele	....	....	....
estudiar español	....	....	....
salir al cine	....	....	....
necesitar dinero	....	....	....

Sie sind nun in Spanien ...

Möchten Sie einen Einkaufsbummel machen?

quiero comprar...	ich möchte ... kaufen
un par de sandalias	ein Paar Sandalen
un bañador	eine Badehose
¿Cuánto cuesta...?	Wie viel kostet ...?
el sombrero, la blusa	der Hut, die Bluse
la camiseta, la camisa	das T-Shirt, das Hemd
¿Puedo pagar con...?	Kann ich mit ... bezahlen?
un eurocheque	ein Eurocheque
una tarjeta de crédito	eine Kreditkarte

B: Sie sind Señora Aguila und erzählen, was Sie und Ihr Mann gestern eingekauft haben. Sie können dazu folgende Verben benutzen:
contestar, probar, entrar, gustar, comprar, preguntar.

Ayer yo .... en una tienda. .... a la señora de la tienda, si tenían biquinis. La señora me .... que sí. (Yo) me .... uno. El biquini me .... y lo ....

Schulsystem

Nach der **Educación Primaria (bis zum 12. Lebensjahr)** folgt generell die **Educación Secundaria** (bis zum 16. Lebensjahr). Diese umfasst bis zur Erlangung der allgemeinen Hochschulreife **(Bachillerato)** weitere vier Jahre. Um an der Universität studieren zu können, musste Paloma allerdings erst noch die Hochschulaufnahmeprüfung **(Selectividad)** bestehen. Für Paco dagegen, der Friseur werden wollte, war die **Formación Profesional** – eine Art Berufschulbildung – interessant. Selbst wenn die Kinder auf öffentliche Schulen gehen, müssen die Eltern einiges für Bücher, Schultransport und Kantine aufbringen, denn Lernmittelfreiheit gibt es in Spanien nicht.

7c Der Schriftsteller

Der Schriftsteller gesteht unter dem Druck der Fragen seines Interviewers, dass er als Kind gar nichts Besonderes werden wollte. Er hat auch keine besonderen Erinnerungen, weder an seine Kindheit, noch an die Entstehung seines Berufswunsches. Er hat nichts Besonderes gefühlt bei der Veröffentlichung seines ersten Buches. Und auch sonst hat er nichts Besonderes zu sagen.

Periodista:	Y usted, ¿qué quería ser de pequeño?
Escritor:	Yo, nada. No quería ser nada.
Periodista:	¿Pero no le gustaba algo en especial?
Periodista:	Bueno, sí. Me gustaba todo y nada. Un día quería ser astronauta; otro, fontanero; otro, pintor. ¡Qué sé yo!
Periodista:	¿Recuerda una anécdota de su infancia?
Periodista:	Sí, fui a casa de mi abuela y me mordió un perro.
Periodista:	¡Muy interesante! ¿Y cómo llegó a ser escritor?
Periodista:	Un día, mi profesor de literatura me pidió un artículo para un periódico...
Periodista:	¿Y...?
Periodista:	Yo le dije que no, pero él insistió. Y así empecé a escribir.
Periodista:	¿Y qué sintió cuando vio su primer libro?
Periodista:	Nada, no sentí nada.
Periodista:	¡Una auténtica vocación!

nada	nichts
el astronauta	Astronaut
el fontanero	Klempner
el pintor	Maler
recordar	s. erinnern
la anécdota	Anekdote
la infancia	Kindheit
la abuela	Großmutter
morder	beißen
el perro	Hund
llegar (a...)	schließlich tun
el escritor	Schriftsteller
el profesor	Lehrer
la literatura	Literatur
pedir	bestellen
el artículo	Artikel
el periódico	Zeitung
insistir	insistieren
así	so
empezar	beginnen
sentir	empfinden
el libro	Buch
auténtico, -a	authentisch
la vocación	Berufung

••• Ausgerechnet besonders geläufige Verben haben unregelmäßige Formen. Zunächst gibt es da Verben wie sentir – *fühlen, empfinden, bedauern* oder pedir – *bitten, fordern, verlangen*, deren -e sich in der 3. Person Einzahl und der 3. Person Mehrzahl in -i verwandelt:

§13.2/164

¿Qué **sintió** cuando vio su primer libro?	*Was empfanden Sie, als Sie Ihr erstes Buch sahen?*
Mi profesor me **pidió** un artículo.	*Mein Lehrer bat mich um einen Artikel.*

Indefinido

	sentir (empfinden, bedauern)	**pedir** (bitten, bestellen)
(yo)	sentí	pedí
(tú)	sentiste	pediste
(él/ella/usted)	s**i**ntió	p**i**dió
(nosotros/-as)	sentimos	pedimos
(vosotros/-as)	sentisteis	pedisteis
(ellos/ellas/ustedes)	s**i**ntieron	p**i**dieron

••• Dann gibt es noch Verben wie empezar und comenzar – beide: *beginnen*, die in der 1. Person Einzahl des Indefinido aus ihrem -z ein -c machen.

Así **empecé** a escribir.	*So begann ich zu schreiben.*
Comencé a trabajar	*Ich begann zu arbeiten.*

Die übrigen Formen bleiben ganz banal: empezaste, empezó ...

● ● ● Und schließlich zwei wichtige Verben, ir – *gehen, fahren, reisen* und decir – *sagen*, die sich etwas Besonderes ausgedacht haben:

Fui a casa de mi abuela.	*Ich ging zu meiner Großmutter.*
Yo le **dije** que no.	*Ich sagte nein zu ihm.*

Indefinido

	ir (gehen)	**decir** (sagen)
(yo)	**fui**	**dije**
(tú)	**fuiste**	**dijiste**
(él/ella/usted)	**fue**	**dijo**
(nosotros/-as)	**fuimos**	**dijimos**
(vosotros/-as)	**fuisteis**	**dijisteis**
(ellos/ellas/ustedes)	**fueron**	**dijeron**

§7.2/159
Ab jetzt können Sie erzählen, was und worüber Sie wollen!

§7.3/159

Cristóbal Colón **fue** a América hace cinco siglos.	*Christopher Kolumbus fuhr vor 5 Jahrhunderten nach Amerika.*
Todos los domingos **iba** con mis padres a la piscina.	*Sonntags ging ich mit meinen Eltern ins Schwimmbad.*
Hasta ahora no **he hecho** nada.	*Bis jetzt habe ich nichts gemacht.*

A: Haben Sie Lust zu kombinieren? z. B. :
Mi amiga me acompañó al cine, pero/no entró →
Mi amiga me acompañó al cine, pero no entró.

1. Mi esposa trabajaba, cuando	a. le dije que no.
2. El escritor quería venir, pero	b. no vino.
3. Yo no quería escribir el artículo, pero	c. me lo pidió.
4. Estaba muy cansada, y por eso	d. la llamó la vecina.
5. Mi hijo me preguntó si podía salir, y	e. terminé de estudiar.

Sie sind nun in Spanien ...

Wollen Sie von Vergangenem erzählen?

im Imperfekt:

antes	früher	**todos los días**	jeden Tag *(früher)*

im Indefinido:

ayer	gestern	**anoche**	gestern Abend
el mes pasado	im vergangenen Monat	**después**	danach

im Perfekt:

hoy	heute	**esta mañana**	heute Morgen
hasta ahora	bis jetzt	**este mes**	diesen Monat

B: Jetzt geht's rund! Welche Form gehört wohin?

Ayer le (pedir) .... dinero a mi amigo. Él me (preguntar) ...., por qué lo (necesitar) .... Le (responder) .... que (querer) .... comprar una bicicleta. Entonces me (decir) .... que lo (ir) .... a pensar. Hoy me (llamar) .... y me (decir) .... que lo (sentir) .... mucho, pero que no (ser) .... posible, porque no (tener) .... dinero. ¡Qué pena!

Schulen und Universitäten

Das spanische Erziehungssystem ist nach wie vor zweigeteilt: Staatliche Schulen und Universitäten stehen Privatschulen und vier Privatuniversitäten gegenüber. In den letzten Jahren ist die Qualität der Ausbildung eindeutig zu Gunsten der Privatschulen ausgefallen, obwohl die öffentlichen Schulen seit der Bildungsreform von 1985 an Attraktivität gewannen, sowohl was die Qualität des Unterrichts als auch die Ausstattung der Schulen betrifft. Überfüllt sind nach wie vor die spanischen Universitäten. Die **Universidad Complutense** von Madrid z. B. ist mit ca. 130.000 Studenten die größte Universität Europas. Diese Überfüllung hauptsächlich in den Ballungsräumen von Madrid und Barcelona wirkt sich sehr negativ auf die Qualität von Lehre und Forschung aus.

7 Übungen

Mit Ihrer Kassette/CD:

A: Hören und lesen Sie noch einmal jeden Mini-Dialog (7a, 7b, 7c).

B: Hören Sie und wiederholen Sie:

a) ¡Qué va! – ¡Qué interesante! – ¡Qué sé yo!

b) lugar – maquillaje – llegó – mujer – gustaba – imagina.

C: Erinnern Sie sich an die Ausdrücke in „Sie sind nun in Spanien"? Sprechen Sie sie nach! (Den Text dazu finden Sie auf den Seiten 83, 87 und 91.)

D: Hören Sie noch einmal die gesamte Einheit 7.

Überprüfen Sie nun, was Sie schon können:

E: Bilden Sie die Vergangenheit von diesen Sätzen:

Cuando estoy de vacaciones, voy al campo. →
Cuando estaba de vacaciones, iba al campo.

Cuando vuelvo del trabajo, compro el periódico.

....

Cuando voy a las tiendas, me pruebo todo.

....

Cuando trabajo de modelo, me divierto mucho.

....

F: Setzen Sie die passenden Endungen ein:

–En las vacaciones de Pascua, iba siempre a Londres.

–¿Ah sí? ¿Y qué hac .... allí? (hacer)

–Estud .... inglés. (estudiar)

–¿Y no te aburr .... ? (aburrirse)

–No, me divert .... mucho. (divertirse) Ten................. un profesor muy simpático. (tener)

–¿Y dónde viv.......................... ? (vivir)(tú)

G: Ändern Sie die Sätze und verwenden Sie die 1. Person:

Se probó el sombrero.	*Me probé el sombrero.*
Se lavó la cara.	....
Se peinó.	....
Se cortó el pelo.	....
Se maquilló.	....

Se puso un vestido rojo y zapatos negros.

H: Wählen Sie die passenden Formen aus:

a. llamó b. llamaste c. llamé
– ¿Quién *llamó* ?
– *Llamé* yo.

a. fuisteis b. fui c. fuiste

– ¿Adónde .... la semana pasada?

– .... a Leipzig.

a. viniste b. vino c. vine

– ¿Quién .... ayer?

– .... yo.

a. dije b. dijimos c. dijisteis

– ¿Por qué no me .... nada?

– No te .... nada porque no lo sabíamos.

I: Verbinden Sie die Sätze, die zusammengehören:

1. ¿No te aburres?	a. ¿Gustarme? ¡Me encanta!
2. Viví en la India.	b. ¡Qué va! Me divierto mucho.
3. ¿Quién es esa mujer?	c. ¡Qué interesante!
4. ¿Te gusta este vestido?	d. ¡Qué sé yo! No la conozco.

8a Ein Hörspiel

In Kürze hören Sie eine weitere Folge der Hörspielserie „Zwischen Liebe und Hass". Kurze Rückschau:
Juan Amor ist auf eine Karibikinsel gefahren, um den Tod seines Bruders zu rächen. Eines Nachts lernt er in einem verrufenen Kabarett Perla kennen, eine schöne und geheimnisvolle Frau. Was wird geschehen? Bald werden Sie mehr wissen. Doch zuvor hören Sie noch das Tageshoroskop.

Y a continuación otro apasionante capítulo de nuestra novela «Entre el amor y el odio».

Juan Amor ha viajado a una isla del Caribe para vengar la muerte de su hermano. Una noche, en un cabaret de mala fama, conoce a Perla, una bella y misteriosa mujer. ¿Qué ocurrirá? ¿Se enamorará Juan de la hermosa Perla? ¿Llegará a conocer la verdadera identidad de esta mujer? ¿Descubrirá quién es el verdadero asesino de su hermano? ¿O se marchará sin saber la verdad? De todo esto nos enteraremos dentro de unos minutos.

Pero antes escucharemos a Marisol que nos va a comentar el horóscopo de hoy, signo por signo...

apasionante	spannend
el capítulo	Kapitel
la novela	Roman
entre	zwischen
el odio	Hass
viajar	reisen
la isla	Insel
vengar	rächen
la muerte	Tod
el hermano	Bruder
el cabaret	Kabarett
de mala fama	verrufen
malo, mala	schlecht
conocer	kennen lernen
bello,-a	schön
misterioso,-a	geheimnisvoll
ocurrir	geschehen
enamorarse	sich verlieben
hermoso,-a	schön
la identidad	die Identität
quién	wer
el asesino	Mörder
marcharse	wegfahren
enterarse (de algo)	(etw.) erfahren
dentro de	innerhalb von
comentar	erläutern
el horóscopo	Horoskop
el signo	Zeichen

••• Selbst mit einem guten Horoskop ist es schwer, die Zukunft vorauszusagen. Weniger schwer sind da die Formen der Zukunft:

§8/159

¿Qué ocurrirá?	*Was wird geschehen?*
¿Descubrirá quién es el verdadero asesino?	*Wird er entdecken, wer der tatsächliche Mörder ist?*

Zur Bildung des Futurs brauchen wir im Deutschen zwei Verben: *„ich werde entdecken"*; im Spanischen, ganz elegant, nur ein einziges: descubriré. Einfacher geht es wirklich nicht: erst den Infinitiv nehmen und dann die Endung anhängen.

Futur

	Infinitiv	+	Endung
(yo)			**é**
(tú)	llegar		**ás**
(él/ella/usted)	conocer		**á**
(nosotros/-as)	descubrir		**emos**
(vosotros/-as)			**éis**
(ellos/ellas/ustedes)			**án**

••• Sicher haben Sie sich schon etwas gewundert, als es hieß: me probaba vestidos – *ich probierte Kleider an.* Ein Verb, das ein Pronomen, wie hier me, vor sich stellt: ein rückbezügliches (=reflexives) Verb, so wie divertirse – *sich amüsieren* , oder aburrirse – *sich langweilen.*

§16.2/172

Meistens ist diese Art von Verben in beiden Sprachen rückbezüglich:

lavarse	*sich waschen*
mirarse	*sich (im Spiegel) anschauen*
afeitarse	*sich rasieren*
enamorarse	*sich verlieben*

Einige jedoch sind es nur im Spanischen:

marcharse	*weggehen, wegfahren*
pasearse	*spazieren gehen*
cansarse	*müde werden*
enterarse	*erfahren, in Erfahrung bringen*

Und so funktioniert das:

Rückbezügliche Verben

	marcharse	weggehen
(yo)	**me** marcharé	ich werde weggehen
(tú)	**te** marcharás	du wirst weggehen
(él/ella/usted)	**se** marchará	er/sie wird/Sie werden weggehen
(nosotros/-as)	**nos** marcharemos	wir werden weggehen
(vosotros/-as)	**os** marcharéis	ihr werdet weggehen
(ellos/ellas/ustedes)	**se** marcharán	sie/Sie werden weggehen

Ein bisschen seltsam ist es natürlich schon, dass das Pronomen an den Infinitiv angehängt wird: marcharse. Aber man gewöhnt sich an alles!

A: Doch üben Sie zuerst die „normalen" Verben. Können Sie die richtigen Futurformen einsetzen?

(yo) hablar *hablaré*

1. (yo) comer ....
2. (tú) pensar ....
3. (ellos) pedir ....
4. (nosotros) ir ....
5. (vosotros) ser ....
6. (usted) conocer ....

Sie sind nun in Spanien ...

Wollen Sie abends ausgehen?

¡Que se divierta usted!	Viel Vergnügen! (Ihnen)
¡Que te diviertas!	Viel Vergnügen! (dir)
divertirse	sich amüsieren
reservar una mesa	einen Tisch reservieren
bailar	tanzen
la discoteca	die Diskothek
el tablao	das Flamenco-Lokal
tomar una copa	einen Drink nehmen
una copa de whisky	ein Whisky
un cuba libre con ron	eine Cola mit Rum
un agua mineral	ein Mineralwasser
la entrada	der Eintritt
la bebida incluida	das Getränk eingeschlossen

B: Jetzt jonglieren Sie „rückbezüglich" in allen Zeiten; Beantworten Sie dazu die folgenden Fragen mit sí:

¿Se marcha usted ahora? *Sí, me marcho.*

1. ¿Se cansa usted?
2. ¿Usted se afeita todos los días?
3. ¿La gente se pasea por las calles?
4. ¿Usted se enteró ayer de mi accidente?
5. ¿Juan se marchará mañana?
6. ¿Se aburrieron ustedes durante la fiesta?
7. ¿Ana y José se divertieron anoche en la discoteca?

Abend- und Nachtveranstaltungen

In Spanien finden Abendveranstaltungen entsprechend den Essenszeiten verhältnismäßig spät statt: „19 Uhr Beginn" bezieht sich für Kino und Theater auf die Nachmittagsvorstellung. Die „normale" Abendvorstellung beginnt, wie bei uns, nach dem Abendessen: um 23 Uhr! Manchmal beginnt sie auch „schon" um 22 Uhr 30.
In den **tablaos**, den Flamenco-Lokalen, fängt die Vorstellung nicht vor 23 Uhr 30 an, und alle Lokalitäten, die mit „Nachtleben" zu tun haben, wie z. B. Diskothek oder Nachtklub, brauchen Sie vor 1 Uhr gar nicht aufzusuchen – erst ab diesem Zeitpunkt wird's interessant!

8b Intermezzo: Horoskop

Das Tageshoroskop in Form einer Wettervorhersage:
Die Abreise der Schwiegermutter wird den Widdern schönes Wetter bringen. Zwillinge werden feuchtem Wetter ausgesetzt sein: die Nachbarn verursachen nämlich eine Überschwemmung. Den Löwen wird wegen einer Flut von Rechnungen ein Regenschirm empfohlen. Und den Waage-Menschen wird es ganz heiß werden: Leidenschaft in Sicht!

Del 21 de marzo al 20 de abril: Aries. Hoy hará buen tiempo para los Aries. Os espera una sorpresa agradable. La suegra se irá de casa.
Del 21 de mayo al 21 de junio: Geminis. Tiempo húmedo para los Géminis. Inundación en el hogar por culpa de un vecino. No podréis salir.
Del 21 de julio al 22 de agosto: Leo. Habrá lluvias en este signo. Os lloverán las facturas de fin de mes. No saldréis sin abrir el paraguas.
Del 22 de septiembre al 22 de octubre: Libra. Los Libra tendremos mucho calor. Pasión a la vista. Un antiguo amor vendrá y nos refrescará viejos recuerdos.

de... a...	von ... bis ...
marzo	März
abril	April
Aries	Widder
hace buen tiempo	es ist schönes Wetter
esperar	(er-)warten
la sorpresa	Überraschung
agradable	angenehm
la suegra	Schwiegermutter
irse	weggehen
mayo	Mai
junio	Juni
Géminis	Zwillinge
humedo,-a	feucht
la inundación	Überschwemmung
el hogar	Heim, Haus
la culpa	Schuld
por culpa de	wegen
el, la vecino,-a	Nachbar/in
julio	Juli
agosto	August
Leo	Löwe
la lluvia	Regen
llover	regnen
la factura	Rechnung
el mes	Monat
abrir	öffnen
el paraguas	Regenschirm
septiembre	September
octubre	Oktober
Libra	Waage
tengo calor	mir ist es warm
el calor	Wärme
la pasión	Leidenschaft
a la vista	in Sicht
antiguo,-a	alt
venir	kommen
refrescar	erfrischen
viejo,-a	alt
el recuerdo	Erinnerung

●●● Typisch! Immer wieder dieselben Verben, die sich unregelmäßige Formen erlauben – auch im Futur:

§13.2/164

hacer:	**Hará** buen tiempo.	*Es wird schön werden.*
poder:	No **podréis** salir.	*Ihr werdet nicht ausgehen können.*
salir:	No **saldréis**.	*Ihr werdet nicht weggehen.*
tener:	**Tendremos** mucho calor.	*Es wird uns sehr warm sein.*
venir:	Un antiguo amor **vendrá**.	*Eine alte Liebe wird kommen.*

Die originellste Futurform hat haber, ein Verb, von dem Sie wissen, dass es hilft, das Perfekt zu konstruieren und dessen besondere Form hay – *es gibt* Ihnen bekannt ist.

Habrá lluvias.	*Es wird Regen geben.*
Habrá problemas.	*Es wird Probleme geben.*

●●● Auch alte Bekannte tauchen wieder auf: nos und os, Formen, die Sie von gustar – *schmecken, mögen, gefallen* her kennen:

No **nos** gustan las facturas.	*Uns gefallen keine Rechnungen.*
¿**Os** gusta el buen tiempo?	*Gefällt euch das schöne Wetter?*

Aber man kann sie natürlich auch mit jedem anderen Verb gebrauchen:

Un antiguo amor **nos** refrescará viejos recuerdos.	*Eine alte Liebe wird alte Erinnerungen in uns wecken.*
Os espera una sorpresa agradable.	*Eine angenehme Überraschung erwartet euch.*

●●● Vergessen Sie nicht: Wenn Sie sich an mehrere Personen gleichzeitig wenden und diese siezen, sagen Sie ustedes – *Sie* und im Dativ les – *Ihnen*; wenn Sie sie duzen, sagen Sie vosotros/-as – *ihr* und os – *euch*. Nicht verwechseln!

¿**Les** gusta ir a comer a un restaurante?	*Essen Sie gerne im Restaurant?*
Os voy a llamar por teléfono.	*Ich werde euch anrufen.*

●●● Auch wenn die Tierkreiszeichen nicht mit dem Jahr anfangen, haben Sie sicher die Monatsnamen erkannt:

marzo	*März*	**julio**	*Juli*
abril	*April*	**agosto**	*August*
mayo	*Mai*	**septiembre**	*September*
junio	*Juni*	**octubre**	*Oktober*

Eigentlich unterscheiden sie sich gar nicht so sehr von den deutschen Monatsnamen! Welche fehlen noch? Die kalten Monate:

noviembre	*November*	**enero**	*Januar*
diciembre	*Dezember*	**febrero**	*Februar*

A: Bei so viel Zukunft haben Sie vielleicht auch Lust, von Ihren zukünftigen Sommerferien zu sprechen – auf Spanisch natürlich!

Im August werde ich nach Spanien reisen. Ich denke, dass auch unsere Nachbarn kommen werden. Wir werden alle viel ausgehen. Wir werden uns sehr amüsieren. Es wird sehr schönes Wetter sein. Wir werden immer an den Strand gehen können. Es wird keine Probleme geben. Ich werde sehr glücklich sein.

....

....

....

....

Sie sind nun in Spanien ...

Wissen Sie nun alles übers Wetter?

hace buen tiempo	es ist gutes Wetter
hace mal tiempo	es ist schlechtes Wetter
hace sol	es scheint die Sonne
hace calor	es ist heiß
hace frío	es ist kalt
hace viento	es ist windig
hay nieve	es liegt Schnee

Und wie fühlen Sie sich dabei?

tengo (mucho) calor	es ist mir (sehr) warm/heiß
tengo frío	es ist mir kalt
sudar	schwitzen
sentirse a gusto	sich wohl fühlen

B: Eine Freundin kündigt Ihnen für morgen einen rosigen Tag an ... auf Spanisch, versteht sich!

Tu hermano te (dar) .... dinero.

Yo te (mandar) .... un paquete.

Mis amigos y yo te (escribir) .... una postal.

Tu mujer y tus niños (volver) .... de las vacaciones.

Tú y tu familia (ganar) .... un millón en la lotería.

Das spanische Klima

Apropos Wetter: Vielleicht wollen Sie wissen, ob Sie zu Ihrem Urlaub nach Spanien lieber einen Regen- oder einen Sonnenschirm mitnehmen sollten?

An der Kantabrischen Küste, in Galicien und an der Atlantikküste herrscht ein angenehmes gemäßigtes Klima mit gelegentlichen Regenschauern. In Andalusien ist der Winter mild und der Sommer heiß. Und in Zentralspanien finden Sie von allem etwas: Kälte, Regen, Schnee im Winter und große Hitze im Sommer.

8c Im Zeichen des Schützen

Fortsetzung des Horoskops:
Kälteeinfall für die Schützen; Vorsicht vor übermäßigem Sonnenbad für die Wassermänner; unbeständige Wetterlage für den Steinbock, den Stier und den Krebs – ihr Leben muss eine andere Richtung nehmen, jetzt ist es aber noch nicht der geeignete Augenblick dafür; Skorpione und Fische werden gute Miene zum bösen Wetter machen müssen.

Del 22 de noviembre al 22 de diciembre: Sagitario. Frío, frío para los Sagitario. Deberías preparar ya un invierno más cálido.
Del 22 de enero al 2 de febrero: Acuario. El sol saldrá para ti, Acuario; pero ¡cuidado con los excesos! ¡Podrías coger una insolación!
Tiempo inestable e imprevisible para los Capricornio, Tauro y Cáncer. Deberían cambiar de vida. ¿Y quién no? Pero no es el momento indicado, irían por mal camino.
Mal tiempo también para Escorpión y Piscis. Pero, ¡ánimo! ¡A mal tiempo buena cara!

noviembre	November	**la insolación**	Sonnenstich
diciembre	Dezember	**inestable**	unbeständig
Sagitario	Schütze	**e**	und (vor **i/hi**)
frío,-a	kalt	**imprevisible**	nicht vorhersehbar
el invierno	Winter	**Capricornio**	Steinbock
cálido	warm	**Tauro**	Stier
enero	Januar	**Cancer**	Krebs
febrero	Februar	**indicado,-a**	geeignet
Acuario	Wassermann	**el camino**	Weg
para ti	für dich	**Escorpión**	Skorpion
el exceso	Übertreibung	**Piscis**	Fisch
coger	sich *(eine Krankheit)* holen	**¡ánimo!**	nur Mut!
		la cara	Gesicht

●●● Mit dem Konditional betreten wir die faszinierende Welt des Möglichen und Wahrscheinlichen:

§9/160

¡**Podrías** coger una insolación! *Du könntest einen Sonnenstich bekommen.*
Irían por mal camino. *Sie wären auf dem falschen Weg.*
Deberían cambiar de vida. *Sie sollten ihr Leben ändern.*

Diese Welt können Sie sehr leicht erschließen: an den Infinitiv werden die Endungen des Konditionals angehängt – es sind im Übrigen die Endungen des Imperfekts von haber:

Konditional

	Infinitiv	+ Endung
(yo)		**ía**
(tú)	desear	**ías**
(él/ella/usted)	deber	**ía**
(nosotros/-as)	ir	**íamos**
(vosotros/-as)		**íais**
(ellos/ellas/ustedes)		**ían**

Unregelmäßig sind im Konditional dieselben Verben wie im Futur:

§13.2/164

Unregelmäßige Formen

		Futur	Konditional
hacer	(machen)	**haré**	**haría**
poder	(können)	**podré**	**podría**
salir	(ausgehen)	**saldré**	**saldría**
tener	(haben)	**tendré**	**tendría**
venir	(kommen)	**vendré**	**vendría**
poner	(stellen ...)	**pondré**	**pondría**

§16.1/170

●●● Wissen Sie noch, wie die selbständigen Personalpronomen in den ersten beiden Personen der Einzahl hießen? Genau!

para **ti**	*für dich*	para **mí**	*für mich*

●●● Und für Sie? Alles O.K.? Wenn nicht, wissen Sie ja, wie Sie sich Mut machen können:

¡Ánimo! ¡A mal tiempo, buena cara!	*Nur Mut! Je schlechter die Zeiten, desto besser sollte die Laune sein!*

A: Die Menschen könnten ja so viel, wenn sie das Konditional immer beherrschten:

(yo) salir al teatro — *saldría al teatro*

1. (yo) tener mucho dinero ....
2. (él) venir a mi casa ....
3. (nosotros) hacer muchas cosas ....
4. (usted) coger una insolación ....
5. (tú) deber cambiar de vida ....
6. (ustedes) ganar un millón ....

●●● Alle Sternzeichen auf einen Blick, damit Sie in Zukunft auch das Horoskop auf Spanisch lesen können:

Aries	*Widder*	**Acuario**	*Wassermann*	**Capricornio**	*Steinbock*
Sagitario	*Schütze*	**Escorpio**	*Skorpion*	**Libra**	*Waage*
Virgo	*Jungfrau*	**Leo**	*Löwe*	**Cáncer**	*Krebs*
Géminis	*Zwilling*	**Tauro**	*Stier*	**Piscis**	*Fisch*

Wann haben Sie Geburtstag?

In welcher Jahreszeit? En ....

In welchem Monat? En ....

An welchem Tag? El ....

Und was sind Sie für ein Sternzeichen? ....

Sie sind nun in Spanien ...

Hoffentlich werden Sie nicht krank!

Me siento muy mal.	Ich fühle mich sehr schlecht.
He cogido una insolacíon.	Ich habe mir einen Sonnenstich geholt.
Tengo una quemadura de sol.	Ich habe einen Sonnenbrand.
Tengo diarrea.	Ich habe Durchfall.
Tengo una alergia.	Ich habe eine Allergie.
Tengo tos.	Ich habe Husten.
una gripe	Grippe
fiebre	Fieber
dolor de garganta	Halsschmerzen

B: Was könnte man nicht alles tun, wenn man im Lotto gewonnen hätte? Zum Beispiel ... Wie sagt man auf Spanisch?

Ich würde ein Fest *(fiesta)* mit meinen spanischen Freunden machen. Alle würden kommen. Es würde viel Sangria geben. Ich würde ein wenig Spanisch sprechen. Die Freunde würden lange bleiben. Es würde ein schönes Fest werden.

Feiertage

Das Horoskop beschert Gutes und weniger Gutes. Doch an einem Tag vergessen alle Spanier Astrologie und Meteorologie: am 6. Januar, dem **Día de Reyes** – Dreikönigstag. Traditionell bekommen die Kinder an diesem Tag (und nicht am 24. Dezember) ihre Weihnachtsgeschenke. Der spanische Nationalfeiertag ist am 12. Oktober und heißt **Día de la Hispanidad**. Es ist der Jahrestag der Entdeckung Amerikas 1492. Das Wort **Hispanidad** – „Hispanität", ist ein komplexer Begriff, der sich auf die gemeinsamen Merkmale aller Spanisch sprechenden Länder bezieht.

Mit Ihrer Kassette/CD:

A: Hören und lesen Sie noch einmal jeden Mini-Dialog (8a, 8b, 8c).

B: Hören Sie und wiederholen Sie:

a) ¿Llegará a conocer la identidad de esta mujer?
¿Descubrirá quién es el verdadero asesino de su hermano?

b) Juan – viajar – Géminis – mujer – gente – viejo

C: Erinnern Sie sich an die Ausdrücke in „Sie sind nun in Spanien"? Sprechen Sie sie nach! (Den Text dazu finden Sie auf den Seiten 97, 101 und 105.)

D: Hören Sie noch einmal die gesamte Einheit 8.

Überprüfen Sie nun, was Sie schon können:

E: Ergänzen Sie mit der passenden Futurendung:

¿Viajar .... Juan a esa isla? *¿Viajará Juan a esa isla?*

¿Y tú, ir .... con él?

¿Llegar .... la carta que esperamos?

— Sí, la recibir .... mañana. (ustedes)

¿Mis hijos volver .... a España?

— No lo sé, usted se enterar .... dentro de unos meses.

F: Wählen Sie das passende Wort aus:

habrá – hará – tendrá

Mañana .... frío en toda España.

llueve – llovía – lloverá

.... en Burgos, mañana.

vendrá – habrá – saldrá

El sol .... a las cinco de la mañana.

G: Suchen Sie das passende Verb:

sería – vendríais – podrías – tendrías

¿Pepe, ... abrir la ventana? Tengo calor.

Sr. Polo, ¿ .... tan amable de escribir esta carta?

Si voy a comer, ¿vosotros .... conmigo?

.... que estudiar más, no estudias bastante.

H: Ergänzen Sie die Sätze mit Hilfe folgender Informationen über das Klima in Lateinamerika:

El clima:

Invierno	– *Winter*	del 21/6	al 21/9	frío
Otoño	– *Herbst*	del 21/3	al 21/6	inestable
Primavera	– *Frühling*	del 21/9	al 21/12	inestable
Verano	– *Sommer*	del 21/12	al 21/3	cálido

En Argentina, Chile y Uruguay, la primavera comienza el 21 de .... y termina el 21 de .... El clima es .... El verano termina el 21 de .... Hace mucho .... Los meses del invierno son: junio, ..., ... y septiembre.

I: Vervollständigen Sie die Sätze; z. T. sind mehrere Lösungen möglich!

1. La semana pasada... a. hace frío.
2. Hoy... b. tuvimos mucho calor.
3. Mañana... c. llovió todos los días.
4. Ayer... d. no habrá nieve.
5. Pasado mañana... e. lloverá.

Mit wem spreche ich?

Und hier nun, wie angekündigt, die neue Folge der Hörspielserie „Zwischen Liebe und Hass": Juan Amor kehrt in sein Hotel zurück, wo ihm der Portier eine Nachricht überreicht: Ein Anrufer, der seinen Namen nicht nannte, hinterließ seine Telefonnummer mit der Bitte um Rückruf. Juan Amor geht auf sein Zimmer, wählt die angegebene Nummer und erhält eine dubiose Information: Die schöne Perla sei seine Schwägerin und für den Unfall verantwortlich. Wer ist denn dieser Mann? Was will er?

Juan Amor acompaña a Perla y regresa a su hotel.

Conserje: Señor Amor, hay un mensaje para usted.

Juan: ¿Para mí? ¿De parte de quién?

Conserje: No, sé, señor, no ha dejado su nombre. Quiere que le llame a este número.

Juan: ¡Gracias! ¿Me da la llave por favor? Voy a telefonear desde la habitación. (...)
¿Oiga? Soy Juan Amor. ¿Con quién hablo?

Anónimo: Con un amigo de su hermano. Lo vi anoche con la señorita Perla. Tengo una información que tal vez le interese.

Juan: No creo que me interese.

Anónimo: ¿Y si le digo que Perla era la mujer de su hermano y la responsable del accidente?

Juan: Es posible que no lo crea. ¿Quién es usted y qué pretende?

Anónimo: Quizás reciba la respuesta muy pronto. ¡Espero que no sea demasiado tarde!

regresar	zurückkommen	**la información**	Information
el conserje	Hausmeister	**tal vez**	vielleicht
el mensaje	Nachricht	**el, la responsable**	Verantwortliche/r
¿de parte de quién?	von wem (war die Nachricht)?	**el accidente**	Unfall
dejar	lassen, hinterlassen	**posible**	möglich
llamar	rufen, anrufen	**pretender**	behaupten
la llave	Schlüssel	**quizás**	vielleicht
por favor	bitte	**recibir**	bekommen
telefonear	telefonieren	**la respuesta**	Antwort
anónimo,-a	anonym	**esperar**	hoffen
anoche	gestern Abend	**demasiado**	zu, zu viel
la señorita	Fräulein	**tarde**	spät

••• Nun kommt etwas für Zweifler, Ungläubige und Vielleicht-Sager: Wenn Sie Ihren Zweifel, Ihren Unglauben oder Ihr Vielleicht ausdrücken wollen, müssen Sie die Verbform verändern. Diese veränderte Verbform nennt man „Subjuntivo" (= Konjunktiv/Möglichkeitsform):

§10/160

No creo que me **interese**.	*Ich glaube nicht, dass mich das interessiert.*
Dudo que **venga**.	*Ich zweifle, dass er kommt.*
Es posible que no lo **crea**.	*Es ist möglich, dass ich es nicht glaube.*
Tal vez le **interese** a usted.	*Vielleicht interessiert es Sie.*
Quizás **reciba** usted la respuesta muy pronto.	*Vielleicht erhalten Sie sehr schnell die Antwort.*

••• Wie aber nun verändern? Das Rezept: Man nehme die 1. Person Singular (z. B. von venir – vengo) und verändere die Endung in -a: venga. So auch bei den Verben auf -er: creer – creo – crea. Bei den Verben auf -ar geht es umgekehrt: aus -a mache man -e: interesar – intereso – interese. Die übrigen Personen?

Subjuntivo

	interesar (interessieren)	**creer** (glauben)	**venir** (kommen)
(yo)	interes**e**	cre**a**	veng**a**
(tú)	interes**es**	cre**as**	veng**as**
(él/ella/usted)	interes**e**	cre**a**	veng**a**
(nosotros/-as)	interes**emos**	cre**amos**	veng**amos**
(vosotros/-as)	interes**éis**	cre**áis**	veng**áis**
(ellos/ellas/ustedes)	interes**en**	cre**an**	veng**an**

••• Aber auch wenn Sie etwas wünschen (querer, desear) oder erhoffen, erwarten (esperar), müssen Sie Ihr neues Rezept ausprobieren:

Quiere que le **llame**.	*Er will, dass Sie ihn anrufen.*
Deseo que **comas** tu sopa.	*Ich möchte, dass du deine Suppe isst.*
Espero que no **sea** demasiado tarde.	*Ich hoffe, dass es nicht zu spät ist.*

sea – da funktioniert das Rezept nicht, bei einigen anderen unregelmäßigen Verben auch nicht. Die muss man eben einfach auswendig lernen. So viele sind es nicht!

ser: **sea** ir: **vaya** dar: **dé** haber: **haya**

A: Wollen Sie es ganz schnell probieren?

Quiero que (tú, estudiar). *Quiero que estudies.*

1. Quiero que (él, trabajar). → ....
2. Quiero que (ella, volver). → ....
3. Espero que (usted, escribir). → ....
4. Espera que (yo, venir). → ....
5. Quizás (nosotros, ir). → ....
6. Quizás (vosotros, ganar). → ....
7. Es posible que (haber) problemas. → ....

Sie sind nun in Spanien ...

Hoffentlich haben Sie keinen Unfall!

el accidente	der Unfall
la multa	die Strafe
no tengo la culpa	ich habe keine Schuld
aquí mi permiso de conducir	hier ist mein Führerschein
mi carnet de identidad	mein Personalausweis
mi póliza de seguro	meine Versicherungspolice
¿Dónde hay un taller / un garaje?	Wo gibt es eine Werkstatt / eine Garage?
¿Cuánto tarda la reparación?	Wie lange dauert die Reparatur?
¿Puedo dejar un mensaje / un recado?	Kann ich eine Nachricht hinterlassen?

B: Glaube, Liebe, Hoffnung ... Probieren sie es noch einmal mit ...
glauben – nicht glauben – wünschen – hoffen – vielleicht ...

Deseo que (él) lo .... (intentar) → Deseo que lo intente.

1. No creo que (él) .... la carta. (recibir)
2. Dudo que (tú) .... el telegrama. (mandar)
3. Espero que (ellos) .... una información. (tener)
4. Pienso que esto le .... a interesar. (ir)
5. No creo que un vaso de vino .... malo para la salud. (ser)
6. Pero creo que mucho alcohol .... malo para la salud. (ser)
7. Quiero que (tú) me .... la llave. (dar)
8. Deseo que (ella) me .... muchas cartas. (escribir)

Hotelgewerbe

Wir wissen zwar nicht, in welchem Hotel Juan Amor untergebracht ist – hier aber einige generelle Informationen zum Stichwort „Hotel", die Ihnen bei einer Spanien-Reise nützlich sein können:
Die Hotels sind in fünf Kategorien eingeteilt:
***** sehr luxuriös
**** luxuriös
*** komfortabel
** normale Ausstattung
* einfach

Meist sind es nicht die Zimmer selbst, die die unterschiedliche Kategorie und damit den unterschiedlichen Preis ausmachen, sondern die Einrichtungen des Hotels, ob Fernsehraum, Sauna, Schwimmbad etc. vorhanden sind. Die Zimmerpreise sind immer ohne Mehrwertsteuer (span.: **IVA**) und meist ohne Frühstück, das extra bezahlt werden muss. Oft bieten 1- und 2-Sterne-Hotels gar kein Frühstück an, was kein großer Verlust ist: Auf das normale spanische Frühstück kann man nämlich gut verzichten!
Ein Tipp: Gehen Sie in die **cafetería** an der Ecke – dort erhalten Sie ein gutes Frühstück zu einem guten Preis – und bestellen Sie dort Ihren **café con leche** mit einem **churro** (Gebäckart).

9b Kommen Sie allein!

Juan, von Zweifeln gequält, will die ganze Wahrheit erfahren. Der geheimnisvolle Informant schlägt ihm ein Treffen vor und Juan willigt in diesen Vorschlag ein. Treffpunkt: ein Restaurant in der Nähe des Rathausplatzes. Erkennungszeichen: Der Unbekannte wird schwarze Kleidung und eine rote Krawatte tragen.

Juan Amor, carcomido por la duda, insiste.

Juan: Quiero que me diga la verdad. ¡Tengo que saber toda la verdad!

Anónimo: ¿Qué le parece si nos vemos en el restaurante «La Mano Negra»?

Juan: ¿Dónde está?

Anónimo: Muy cerca de la plaza del ayuntamiento. Hay que coger la calle del mercado y, después del semáforo, girar a la derecha. El restaurante está al lado de una farmacia.

Juan: ¿Cuándo?

Anónimo: Esta noche, a las ocho. Iré vestido de negro, con una corbata roja. Espero que venga solo.

Juan: ¿Por qué solo?

Anónimo: ¡Tiene que hacer lo que digo si no quiere tener problemas!

carcomido,-a	zerfressen, gequält
la duda	Zweifel
tener que	müssen
¿qué le parece?	was halten Sie davon?
verse	sich treffen
el restaurante	Restaurant
la mano	Hand
la plaza	Platz
el ayuntamiento	Rathaus
coger	einbiegen *(in eine Straße)*
el mercado	Markt
después de	nach
el semáforo	Ampel
girar	abbiegen
a la derecha	rechts
al lado de	neben
la farmacia	Apotheke
¿cuándo?	wann?
vestido	gekleidet
la corbata	Krawatte
solo,-a	allein
el problema	Problem

••• Dass Sie „müssen" auf Spanisch sagen müssen, ist ein absolutes Muss. Um eine allgemeine Notwendigkeit auszudrücken, braucht man nur den Ausdruck hay que – *man muss* zu nehmen und den Infinitiv anzuhängen:

§15/169

Hay que coger la calle del mercado. — *Man muss in die Marktstraße gehen.*
Hay que decir la verdad. — *Man muss die Wahrheit sagen.*

Um eine persönliche Notwendigkeit auszudrücken, steht Ihnen tener que – *müssen*, ebenfalls gefolgt vom Infinitiv, zur Verfügung:

Tengo que saber toda la verdad. — *Ich muss die ganze Wahrheit wissen.*
Tienes que hacer lo que te digo. — *Du musst tun, was ich dir sage.*

••• Hier zur Erinnerung noch einige unregelmäßige Formen der 1. Person Singular, die Sie ja zur Bildung des „Subjuntivo" brauchen:

Subjuntivo

Infinitiv		Präsens	Subjuntivo
decir	(sagen)	**digo**	**diga**
salir	(ausgehen)	**salgo**	**salga**
tener	(haben)	**tengo**	**tenga**

Quiero que me **diga** toda la verdad. — *Ich will, dass er mir die ganze Wahrheit sagt.*
Espero que no **salgas** con ese chico. — *Ich hoffe, dass du nicht mit diesem Jungen ausgehst.*
Dudo que **tenga** una pronta respuesta. — *Ich bezweifle, dass er eine schnelle Antwort erhält.*

••• Übrigens: wäre es nicht an der Zeit, einige Fragewörter zu wiederholen?

§16.6/173

¿**Quién** habla?	*Wer spricht?*
¿**Qué** dice?	*Was sagt er?*
¿**Dónde** está?	*Wo ist er?*
¿**Adónde** vas?	*Wohin gehst du?*
¿**De dónde** eres?	*Woher bist / kommst du?*
¿**Cuándo** viene?	*Wann kommt er?*
¿**Por qué** solo?	*Warum alleine?*
¿**Cuántos** somos?	*Wie viele sind wir?*
¿**Cómo** estás?	*Wie geht es dir?*

A: Kombinieren Sie:

1. ¿Quién ha escrito esto?	a. Diez.
2. ¿Dónde está el cabaret?	b. De España.
3. ¿Cómo es Perla?	c. Yo.
4. ¿Por qué no viene a la fiesta?	d. A la playa.
5. ¿Cuántos somos?	e. Porque no tiene tiempo.
6. ¿Qué has hecho?	f. En la Plaza Mayor.
7. ¿Adónde va este autobús?	g. Bella.
8. ¿De dónde es usted?	h. En julio.
9. ¿Cuándo comienzan las vacaciones?	i. Nada.

••• Wissen Sie schon, wie man auf Spanisch „was" (= „das, was") sagt?

§16.4/173

Tiene que hacer **lo que** le digo.	*Er muss tun, was ich ihm sage.*
Todo **lo que** sabes, me interesa.	*Alles, was du weißt, interessiert mich.*

Sie sind nun in Spanien ...

Wollen Sie nach dem Weg fragen?

¿Dónde está... ?	Wo ist ... ?
la parada del autobús	die Bushaltestelle
la estación de metro	die Metrostation
la estación de trenes	der Bahnhof
la terminal de autobús	der Busbahnhof
el aeropuerto	der Flughafen
el hospital	das Krankenhaus

todo recto	geradeaus
al lado (de)	neben
enfrente (de)	gegenüber
después (de)	danach, (nach ...)
delante (de)	vor

B: *Hay que* oder *tener que?*

1. .... marcharte.

2. .... decir siempre la verdad.

3. .... trabajar para vivir.

4. Con el coche .... tener mucho cuidado.

5. .... ir al médico.

6. .... escribir a nuestros amigos.

7. En el aeropuerto .... ser puntual.

8. .... llamar a mi madre.

Straßenverkehr

Sind Sie in Spanien unterwegs und wollen Sie sich nach dem Weg erkundigen, so werden Sie überall höfliche und hilfsbereite Spanier treffen, die Ihnen gerne Auskunft geben. Die Hilfsbereitschaft geht manchmal sogar so weit, dass Ihnen der Weg genau beschrieben wird, obwohl Ihr Gegenüber diesen gar nicht kennt!
Was das Verhalten im Straßenverkehr betrifft, so beachten Sie, dass die Spanier das Rot einer Ampel zwar sehen, es aber nicht unbedingt für verbindlich halten.
Parkprobleme gibt es überall – auch in Spanien. Zum Teil wird wild, oft in zweiter, ja in dritter Reihe geparkt, aber die **grúas**, die Abschleppkräne, sind dauernd unterwegs. Am besten parken Sie in der Nähe eines der Parkautomaten, die fast überall auf den Gehsteigen aufgestellt sind. Parkuhren wie in Deutschland gibt es nicht.

9c Reden Sie endlich!

Juan erscheint pünktlich zur Verabredung. Wenige Minuten später sieht er einen kleinen Mann, der schwarz gekleidet ist und hinkt, auf sich zukommen. Der Mann bietet ihm Feuer an, ruft dann den Kellner und widmet sich ausgiebig der Bestellung. Juan wird immer ungeduldiger und er fordert den Mann auf, endlich zur Sache zu kommen. Der Unbekannte überreicht ihm einen Zettel mit einer Notiz.

Juan llega puntual a la cita. Minutos más tarde, ve acercarse a un señor bajito, de negro, que cojea.

Anónimo: ¿Fuego?
Juan: Sí, gracias. ¿Es usted...?
Anónimo: ¡Sí! ¡Camarero!
Camarero: ¿Qué les sirvo?
Anónimo: ¿Qué nos aconseja?
Camarero: No pidan el plato del día. Hoy no está muy bueno. Pidan mejor pescado asado o al horno con patatas.
Anónimo: ¿Le va bien?
Juan: No pida para mí. Yo no tengo hambre. ¿Puede traerme algo para beber?
Camarero: ¿Qué desea?
Juan: Vino tinto.
Camarero: Lo siento, no tenemos.
Juan: Pues una cerveza bien fría. ¡Terminemos esta comedia! ¡Hable de una vez!
Anónimo: Tenga. Lea esta nota.
Camarero: ¿Y de postre?

puntual	pünktlich	**la patata**	Kartoffel
la cita	Verabredung	**tener hambre**	Hunger haben
acercarse	sich nähern	**el hambre**	Hunger
bajito,-a	klein	**traer**	bringen
cojear	hinken	**beber**	trinken
el camarero	Kellner	**desear**	wünschen
¿qué les sirvo?	Was darf ich Ihnen bringen?	**el vino**	Wein
		tinto	rot *(für Wein)*
servir	auftragen, bedienen	**la cerveza**	Bier
aconsejar	empfehlen	**la comedia**	Komödie
el plato del día	Tagesgericht	**de una vez**	auf einmal
el plato	Gericht	**la vez**	Mal
el pescado	Fisch	**leer**	lesen
asado,-a	gebraten	**la nota**	Rechnung
al horno	im Ofen	**el postre**	Nachtisch

●●● Erinnern Sie sich noch an die Eigentümlichkeit der rückbezüglichen Verben, an deren Infinitiv das Pronomen angehängt wird? Man sagt me marcho, im Infinitiv aber marcharse.
Hier einige weitere Beispiele: §16.2/172

Ve acercar**se** un señor.	*Er sieht einen Herrn auf sich zukommen.*
¿Puede traer**me** algo para beber?	*Können Sie mir etwas zu trinken bringen?*
Quiero aconsejar**les** el pescado.	*Ich möchte Ihnen den Fisch empfehlen.*

In der letzten Übung dieser Lektion dürfen auch Sie „anhänglich" sein. Nur Geduld!

●●● Um Anweisungen zu geben, bietet sich die Befehlsform, der Imperativ, an. Die 2. Person Einzahl und Mehrzahl *(mach, macht)* werden Sie erst in der nächsten Folge antreffen. Für die Bildung des Imperativs werden Ihnen die Formen des „Subjuntivo" von Nutzen sein: §11/162

Lea esta nota.	*Lesen Sie diese Notiz.*
Hable de una vez.	*Sprechen Sie endlich!*
Terminemos esta comedia.	*Hören wir doch mit dieser Komödie auf!*
Pidan mejor pescado asado.	*Bestellen Sie lieber gebratenen Fisch!*

Sie sehen, auch hier kommt es wieder auf die 1. Person Singular an; ohne sie können Sie die Form nicht bilden.

Imperativ

Infinitiv		Präsens	Imperativ
pedir	(bestellen)	**pido**	**pida**
traer	(bringen)	**traigo**	**traiga**
oír	(hören)	**oigo**	**oiga**
poner	(stellen ...)	**pongo**	**ponga**

A: Sagen Sie jemandem, den Sie siezen, was er tun soll, natürlich immer mit einem höflichen *por favor* versehen!

traer un vino → Traiga un vino, por favor.

1. abrir la carta
2. terminar la comida
3. acompañar a mi amigo
4. escribir un mensaje
5. adivinar dónde está
6. beber este vino

Sie sind nun in Spanien ...

Sie gehen sicherlich ab und zu ins Restaurant:

¿Hay una mesa libre?	Haben Sie einen freien Tisch?
Para cinco personas.	Für fünf Personen.
La carta, por favor.	Die Speisekarte, bitte.
¿Me puede recomendar algo?	Können Sie mir etwas empfehlen ?
La cuenta, por favor.	Die Rechnung, bitte.
Queremos pagar.	Wir möchten zahlen.

B: Erinnern Sie sich noch ... ?

¿Va a traer la cerveza? → *Sí, voy a traerla./No,no voy atraerla.*

1.¿Vas a leer estos libros? → ....

2.¿Queréis terminar esta comedia? → ....

3.¿Vas a escribir las cartas? → ....

4.¿Quieres visitarme? → ....

5.¿Tienes que pagar la cuenta? → ....

6.¿Quieres saber la verdad? → ....

7.¿Quiere usted conocer a mis hijos? → ....

8.¿Vas a dejar la llave aquí? → ....

Essen und Restaurants

In fast allen spanischen Restaurants bekommt man mittags ein Tagesmenü: **plato/menu del día.** Es ist meistens recht preiswert und besteht aus drei Gängen: Vorspeise **(primer plato)**, Hauptgericht **(segundo plato)** und Nachtisch. Oft können Sie zwischen mehreren Gerichten auswählen. Brot und ein Getränk sind im Preis inbegriffen. Wollen Sie nur eine Kleinigkeit essen, sind die **cafeterías** zu empfehlen mit ihren **platos combinados**, die ungefähr unseren Tellergerichten entsprechen.

• EL MENÚ •

• bebidas:		**• Getränke:**	
vino tinto/blanco/rosado		Rot-/Weiß-/Roséwein	
una caña		ein Bier vom Fass	
agua mineral		Mineralwasser	
con gas/sin gas		mit/ohne Kohlensäure	
un café solo		Espresso	
un café cortado		Kaffee mit wenig Milch	
• entradas, segundos platos:		**• Vorspeisen, Hauptgerichte:**	
el pan		das Brot	
la ensalada		der Salat	
la sopa		die Suppe	
la paella		Reispfanne	
la tortilla		Kartoffel-Eier-Gericht	
los mariscos		Meeresfrüchte	
el pescado		Fisch	
las gambas	a la plancha	Krabben,	gegrillt
el pollo	asado	Huhn,	gebraten
la carne	al horno	Fleisch,	aus dem Backofen
la chuleta	a la romana	Kotelett,	paniert
• postres:		**• Nachtische:**	
el flan		Karamellpudding	
el helado, la fruta		Eis, Obst	

Mit Ihrer Kassette/CD:

A: Hören und lesen Sie noch einmal jeden Mini-Dialog (9a, 9b, 9c).

B: Hören Sie und wiederholen Sie:

a) ¿Para mí? – ¿De parte de quién? – ¿Con quién hablo? – ¿Quién es usted?

b) llama – llave – calle – llega.

C: Ergänzen Sie die Sätze mit den Wörtern aus der vorigen Übung Bb):

¿Dónde está esta .... ?

¿Me da la .... ?

¿A qué hora .... ?

¿Quién .... ?

D: Erinnern Sie sich an die Ausdrücke in „Sie sind nun in Spanien"? Sprechen Sie sie nach! (Den Text dazu finden Sie auf den Seiten 110, 114 und 118.)

E: Hören Sie noch einmal die gesamte Einheit 9.

Überprüfen Sie nun, was Sie schon können:

F: Bilden Sie die Sätze wie im folgenden Beispiel um:

Tienes que llamar por la tarde.	*Quiero que llames por la tarde.*
Tienes que hablar con Juan.	Quiero que .... con Juan.
Tienen que escribir una carta.	Quiero que .... una carta.
Tenéis que leer este artículo.	Quiero que .... este artículo.

G: Wählen Sie aus ...

son – sean – es

¿Qué hora ....? ¿Las cinco?

No creo que .... las cinco.

vienes – venga – viene

¿Pedro .... a comer con nosotros?

No, no creo que ....

tenéis – tenga – tienes

Me parece que tú .... razón.

Yo no creo que ella .... razón.

H: Ersetzen Sie **hay que** durch die passende Form von **tener que**:

Hay que ir hasta la plaza del ayuntamiento.
— Sí, (usted) tiene que ir hasta la plaza del ayuntamiento.

Hay que coger la calle de la iglesia.

— Sí, (usted) .... coger la calle de la iglesia.

En la Plaza Mayor, hay que girar a la izquierda.

— Sí, (tú) .... girar a la izquierda en la Plaza Mayor.

Y luego, hay que ir todo recto hasta el final de la calle.

— Sí, es verdad, (nosotros) .... ir todo recto hasta el final de la calle.

Después, hay que cruzar la calle.

— Sí, (vosotros) .... cruzar la calle.

I: Geben Sie Empfehlungen:

¿Quiere pedir un buen vino?	*Pues pida un vino francés.*
¿Quiere leer un buen libro?	Pues .... este.
¿Quiere comer bien?	Pues .... en los restaurantes de la playa.
¿Quiere hablar por teléfono?	Pues .... desde esta cabina.

J: Verbinden Sie die passenden Sätze:

1. ¡Camarero!	a. ¿Una caña?
2. Queremos comer.	b. ¿Y usted?
3. Para mí el plato del día.	c. Aquí tienen la carta.
4. Una cerveza bien fría.	d. ¿Qué desean?

10a Der Brief

Juan liest die Notiz auf dem Zettel. Es handelt sich offenbar um ein Schreiben Perlas: Sie persönlich hat den Mord an ihrem Mann geplant! Plötzlich erscheint sie im Lokal. Ist sie tatsächlich schuldig – und so zynisch? Welche Rolle spielt der Unbekannte in ihrem Leben? Die letzte Folge wird das Geheimnis lüften.

Juan lee el mensaje en voz alta.
«Trato concluido. Mi marido pasará por el lugar previsto alrededor de medianoche. Salid con más tiempo esta vez. Pensad que hay muchos millones en juego.»

Perla: ¿Qué haces aquí, Juan?
Juan: Perla, ¡di que no es verdad!
Perla: ¿Pero qué he hecho yo?
Juan: ¡Cómo puedes ser tan cínica!
Perla: Juan, ¿qué te pasa? Habla, por favor. No entiendo nada.
Juan: Toma... Lee...
Perla: ¡Ah! Ya comprendo. ¿Para esto me has hecho venir tú? ¿Por qué no me dejas en paz de una vez?

¿Quién es el misterioso personaje?
¿Es Perla realmente culpable?
Descubrid toda la verdad escuchando el último episodio.

la voz	Stimme	**¿qué pasa?**	was ist los?
alto,-a	hoch, laut	**tomar**	nehmen
el trato	Vertrag, Geschäft	**comprender**	verstehen
concluido,-a	abgeschlossen	**hacer + *inf.*:**	(jmd.) etw. tun lassen
previsto,-a	vorgesehen		
alrededor de	ungefähr	**dejar en paz**	in Ruhe lassen
medianoche	Mitternacht	**la paz**	Ruhe, Frieden
con más tiempo	rechtzeitiger	**el personaje**	Person, Gestalt
el millón	Million	**realmente**	wirklich
en juego	auf dem Spiel	**culpable**	schuldig
tan	so	**último,-a**	letzte/r
cínico,-a	zynisch	**el episodio**	Episode, Folge

••• Versprochen ist versprochen. Nachdem Sie nun allen Leuten, die Sie siezen, Befehle auf Spanisch erteilen können, wollen Sie sicher auch Ihren Duz-Freunden gerne ab und zu sagen, was sie tun sollten:

§11/162

Habla, por favor.	*Sprich bitte.*
Toma, lee.	*Nimm, lies.*
Descubre la verdad.	*Entdecke die Wahrheit.*
Hablad, por favor.	*Sprecht bitte.*
Tomad, leed.	*Nehmt, lest.*

Die Formen sehen nicht so schwierig aus wie die des „subjuntivo" und sie sind es auch nicht:

Imperativ

	tomar (nehmen)	**leer** (lesen)	**descrubrir** (entdecken)
(tú)	tom**a**	le**e**	descubr**e**
(vosotros/-as)	tom**ad**	le**ed**	descubr**id**

Kommt Ihnen die Imperativform für „du" bekannt vor? Genau: sie entspricht der 3. Person Singular Präsens:

lee	*er liest*	toma	*er nimmt*
¡lee!	*lies!*	**¡toma!**	*nimm!*

••• Es wäre natürlich zu schön, wenn es bei den Imperativen für „du" ohne Ausnahmen abginge. Wie können Sie beispielsweise sagen: „Sag!"? So: ¡Di!

Di que no es verdad.	*Sag, dass es nicht wahr ist.*

••• Und für „ihr"? Einfach an die Stelle des -r am Ende des Infinitivs ein -d setzen:

salir:	Sal**id** con más tiempo.	*Geht rechtzeitiger weg.*
pensar:	Pens**ad** que hay muchos milliones en juego.	*Denkt daran, dass viele Millionen auf dem Spiel stehen.*

••• Sie sehen, dass es eigentlich nur für die Menschen, die Sie duzen, echte Imperativformen gibt und zwar auch nur dann, wenn sie bejahend gebraucht werden. Wenn Sie verneinen, müssen Sie immer auf den „Subjuntivo" zurückgreifen:

No pienses en el accidente.	*Denk nicht an den Unfall!*
No beba el vino.	*Trinken Sie den Wein nicht!*
No penséis en el accidente.	*Denkt nicht an den Unfall!*
No beban el vino.	*Trinken Sie den Wein nicht!*

Übersicht der Imperativformen

¡sí!	**tomar**	**leer**	**escribir**
(tú)	tom**a**	le**e**	escrib**e**
(usted)	tom**e**	le**a**	escrib**a**
(vosotros/-as)	tom**ad**	le**ed**	escrib**id**
(ustedes)	tom**en**	le**an**	escrib**an**
¡no!	**llamar**	**comer**	**pedir**
(tú)	no me llam**es**	no com**as** allí	no pid**as**
(usted)	no me llam**e**	no com**a** allí	no pid**a**
(vosotros/-as)	no me llam**éis**	no com**áis** allí	no pid**áis**
(ustedes)	no me llam**en**	no com**an** allí	no pid**an**

A: Was möchten Sie Ihrem Freund oder Ihrer Freundin gerne sagen?

1. Lies das Buch! ....
2. Sag die Wahrheit! ....
3. Hör gut zu! ....
4. Nimm! ....
5. Komm bald zurück! ....
6. Sprich mit ihm! ....

Sie sind nun in Spanien ...

Sie haben Ihre/n Gesprächspartner/in nicht richtig verstanden:

¿Qué le/te pasa?	Was ist mit Ihnen/dir los?
No me pasa nada.	Ich habe gar nichts.
No entiendo nada.	Ich verstehe nichts.
entender	verstehen
No le/te comprendo.	Ich verstehe Sie/dich nicht.
comprender	verstehen
Hable/Habla más despacio, por favor.	Sprechen Sie/Sprich langsamer, bitte.
Hable/Habla en voz más alta.	Sprechen Sie/Sprich lauter.
¿Puede/Puedes repetir?	Können Sie/Kannst du wiederholen?
Déjeme/Déjame en paz.	Lassen Sie/Lass mich in Ruhe.

B: Und nun reden Sie mit all Ihren Freunden:

1. Kommt morgen nicht! ....
2. Geht heute Abend mit mir aus! ....
3. Schreibt den Brief nicht! ....
4. Macht das nicht! ....

Glücksspiele und Blindenlotterie

"Hay muchos millones en juego" – Die Spanier sind begeisterte Lotteriespieler. Das höchstdotierte Lotteriespiel der staatlichen Lotteriegesellschaft ist die Weihnachtslotterie, in der tatsächlich mehrere Millionen auf dem Spiel stehen. – Man braucht nur das große Los, den sogenannten **gordo** (den Dicken), zu gewinnen!
Neben der staatlichen Lotteriegesellschaft organisiert auch die ONCE, der spanische Blindenverband, Lotteriespiele. Die Lose werden von Blinden und Schwerbehinderten allgemein an Straßenecken, in Lokalen oder neuerdings auch in den vielen kleinen Lotteriekiosken der ONCE verkauft.
Die Organisation wird nach Kriterien moderner Geschäftsführung mit viel Erfolg geleitet; sie hat für die Blinden Sozialeinrichtungen geschaffen, und die Losverkäufer erhalten ein monatliches Festgehalt.

10b Ende gut, alles gut!

Nun endlich erfahren wir die Wahrheit:
Der Mann in Schwarz ist blind vor Eifersucht. Er wollte Perla den Mord anhängen und Juan gegen sie aufbringen. Und sehr wahrscheinlich hat er sogar selbst den Unfall des Bruders inszeniert!
Juan und Perla fallen sich in die Arme. Ich liebe dich. Ich dich auch. Wir werden niemals auseinander gehen ...

Perla: ¡Ten confianza en mí, Juan! Este individuo no soporta verme con otro hombre.
Juan: Pero, ¿por qué?
Perla: ¿No ves que está muerto de celos? Ha inventado toda esta mentira para alejarme de ti. (...) Sal de aquí y hazme el favor de olvidarte de mí para siempre.
Juan: ¿Y el accidente?
Perla: Estoy segura que fue él. Y tú ¿por qué dudaste de mí?
Juan: Perdóname, cariño. Lo he pasado muy mal. Te prometo que nada ni nadie podrá separarnos.
Perla: ¡Dime que me amas!
Juan: ¡Nunca dejé de amarte!

tener confianza	vertrauen	**dudar**	zweifeln
la confianza	Vertrauen	**perdonar**	verzeihen
el individuo	Individuum	**cariño**	Liebling
el hombre	Mann	**lo he pasado mal**	es ging mir schlecht
muerto	tot	**prometer**	versprechen
los celos	Eifersucht	**nadie**	niemand
inventar	erfinden	**separar**	trennen
la mentira	Lüge	**amar**	lieben
alejar	entfernen	**nunca**	nie
el favor	Gefallen	**dejar**	aufhören
olvidar	vergessen		
seguro,-a	sicher		

●●● Setzen wir den Schlusspunkt sowohl unter unsere Herz-Schmerz-Serie als auch unter die Imperative. Zuvor aber noch kurz ein Hinweis: haben Sie gemerkt, was der bejahte Imperativ mit dem Infinitiv gemein hat? An beide Formen werden die Pronomen angehängt.

Di**me** que me amas.	*Sag mir, dass du mich liebst.*
Perdóna**me**, cariño.	*Verzeih mir, Liebling.*
Nada podrá separar**nos**.	*Nichts wird uns trennen können.*
Quiero escribir**les**.	*Ich möchte ihnen schreiben.*
Sí, escríbe**les.**	*Klar, schreib ihnen!*

●●● Bei der Verneinung aber steht das Pronomen wieder da, wo es hingehört – vor dem Verb! §11/162

No **me** digas.	*Was du nicht sagst! Sag bloß!*

●●● Einige Verben haben unregelmäßige Imperativformen:

tener:	Ten confianza en mí.	*Hab Vertrauen in mich!*
salir:	Sal de aquí.	*Geh von hier weg!*

§13.2/164

Diese besonderen Formen gibt es jedoch nur im Singular; im Plural sind die Verben völlig regelmäßig:

Imperativ

		tú	vosotros/-as
decir	sagen	**di**	**decid**
hacer	machen	**haz**	**haced**
salir	weggehen	**sal**	**salid**
tener	haben	**ten**	**tened**
poner	stellen, anmachen	**pon**	**poned**

••• Sicher haben sie schon festgestellt, dass die Verneinung nicht nur durch no, sondern auch durch andere negative Pronomen ausgedrückt wird:

No veo **nada**.	*Ich sehe nichts.*
No veo a **nadie**.	*Ich sehe niemanden.*
No va **ninguno** de mis amigos.	*Keiner meiner Freunde geht hin.*

Aber: Stehen nada – *nichts*, tampoco – *auch nicht*, ninguno/-a – *keine/r*, nadie – *niemand*, nunca – *nie* vor dem Verb, brauchen sie no nicht mehr.

Nada ni nadie podrá separarnos.	*Nichts und niemand wird uns trennen können.*
Nunca dejé de amarte.	*Ich habe niemals aufgehört, dich zu lieben.*
Tampoco vengo yo.	*Ich komme auch nicht.*

A: Welche Antwort passt?

1. ¿Qué has dicho?	a. No, ninguna.
2. ¿Con quién podemos hablar?	b. Nunca.
3. No me gusta el café.	c. Con nadie.
4. ¿Cuándo me vas a amar?	d. Nada.
5. ¿Ha venido una de mis amigas?	e. A mí tampoco.

Sie sind nun in Spanien ...

Was sagen Sie, wenn Sie sich verliebt haben?

Te quiero, te adoro.	Ich liebe dich, ich bete dich an.
Estoy muy enamorado/-a de ti.	Ich bin so in dich verliebt!
¡Estás para parar un tren!	Du siehst klasse aus!

¡Qué hermoso/-a eres!	Wie schön du bist!
¡Tienes los ojos más bellos del mundo!	Du hast die schönsten Augen der Welt!
Estoy loco/-a por ti.	Ich bin ganz verrückt nach dir!
¡Amor/cielo/vida mía/cariño!	Liebling!

B: Freundliche Angebote ...

¿Quieres que te traiga el café? → *Sí, tráeme el café.*

¿Quieres que...

1. te escriba una postal? → ....
2. te haga este favor? → ....
3. tenga confianza en ti? → ....
4. diga la verdad? → ....
5. te ame? → ....

Die Presse

Perla und Juan ... Nichts konnte sie trennen ... Herz-Schmerz-Geschichten, schön bebildert in den zahlreichen Fotoromanen **(fotonovelas)**, die in den Friseurgeschäften ausliegen. Ähnliche Herz-Schmerz-Romane, besonders aus der High Society, sind auch in der Regenbogenpresse, der **prensa amarilla o del corazón** zu finden. Natürlich hat Spanien auch seine seriöse Presse und mit **El País** eine überregionale Tageszeitung von internationalem Ruf. Besonders beliebt sind die Sonntagsbeilagen **(suplementos)**, die weit umfangreicher sind als in Deutschland. Ansonsten sind die Spanier keine großen Zeitungsleser, wobei sie ihre Zeitung üblicherweise am Kiosk und nicht im Abonnement kaufen.

10c Sendeschluss

Sendeschluss. Morgen werden Sie mit den täglichen Frühnachrichten von Matinal Metrópolis geweckt: seriös, objektiv und unterhaltsam wie immer. Matinal Metrópolis ist so anregend wie Kaffee, so erfrischend wie eine Dusche und hilft früh aufzustehen. Denn jeder weiß: Morgenstund' hat Gold im Mund.

Llegamos al final de nuestra programación. Mañana será otro día. Despiértate en nuestra compañía con «Matinal Metrópolis». Tan estimulante como el café, Matinal está contigo en el camino del trabajo. Más útil que el cepillo de dientes, Matinal te dirá si las calles ya están puestas, los atascos en su sitio y la policía donde siempre. Tan refrescante como la ducha, Matinal Metrópolis te da una información seria y objetiva a la vez que entretenida. Matinal te ayuda a madrugar. Y tú ya sabes: «A quien madruga, Dios le ayuda».

programación	Programm	**poner**	setzen, stellen
despertarse	aufwachen	**el atasco**	Stau
la compañía	Gesellschaft	**el sitio**	Platz, Ort
matinal	früh	**la policía**	Polizei
estimulante	anregend	**refrescante**	erfrischend
tan... como	so ... wie	**la ducha**	Dusche
el café	Kaffee	**serio,-a**	ernst, seriös
contigo	mit dir	**objetivo,-a**	objektiv
útil	nützlich	**a la vez que**	zugleich
el cepillo de dientes	Zahnbürste	**entretenido,-a**	unterhaltsam
		ayudar	helfen
el diente	Zahn	**madrugar**	früh aufstehen
estar puesto	an Ort und Stelle sein	**Dios**	Gott

••• Was Sie schon kennen, sind die selbständigen Pronomen von yo und tú hinter einer Präposition:

Ten confianza en **mí**.	*Hab Vertrauen in mich.*
Para alejarme de **ti**.	*Um mich von dir fern zu halten.*

Aber was Sie noch nicht kennen, ist die originelle Form, wenn con – *mit* mitkommt: conmigo – *mit mir*; contigo – *mit dir*; consigo – *mit sich*. §16.1/170

Matinal está **contigo** en el camino del trabajo.	*Matinal ist mit dir auf dem Weg zur Arbeit.*
Carmen, ¿vienes **conmigo** a casa?	*Kommst du mit mir nach Hause, Carmen?*

••• Im Spanischen Vergleiche anzustellen, ist vergleichsweise einfach:

§5.3/155

Más útil que el cepillo de dientes, son los dientes.	*Nützlicher als die Zahnbürste sind die Zähne.*
Menos útil que el libro de español es una novela de amor.	*Weniger nützlich als das Spanischbuch ist ein Liebesroman.*

más ... que	mehr ... als
menos ... que	weniger ... als

Natürlich gibt es auch hier einige unregelmäßige Formen:

mejor ... que	besser ... als
peor... que	schlechter ... als

El café español es **mejor que** el alemán	*Der spanische Kaffee ist besser als der deutsche.*

●●● Stellt man eine Gleichheit fest, wird alles ganz anders. Verwenden Sie dann: tanto/-a, tantos/-a … como – *so viel(e) … wie.*

Steht tanto alleine, bleibt es unverändert:

No sé **tanto como** él.	*Ich weiß nicht so viel wie er.*

Folgt ein Substantiv, so verändert sich tanto/-a/-os/-as in Zahl und Geschlecht:

Tienes **tanto** dinero **como** yo.	*Du hast so viel Geld wie ich.*
Tiene **tantas** dudas **como** yo.	*Er hat so viele Zweifel wie ich.*

Folgt jedoch ein Adjektiv oder Adverb (tan tarde – *so spät*), wird es zu tan verkürzt:

Tan estimulante **como** el café.	*So anregend wie Kaffee.*
Tan refrescante **como** la ducha.	*So erfrischend wie die Dusche.*

●●● Wenn Sie die Komparative (Vergleiche) gelernt haben, haben Sie auch schon den Superlativ gelernt. Super! Die Formen sind nämlich identisch. Dass es sich um einen Superlativ handelt, ergibt sich aus dem Zusammenhang:

Es el programa **más útil**.	*Das ist das nützlichste Programm.*
Es **el más útil** de todos.	*Es ist das Nützlichste von allen.*

A: Sind Sie auch der Ansicht, dass folgende Dinge fast gleich sind?

El café italiano y el español son estimulantes. → El café italiano es tan estimulante como el español.

1. La ducha y el baño son refrescantes. →

   ……………………………………………………………………………………

2. El vino blanco y el rosado son buenos. →

   ……………………………………………………………………………………

3. El concurso de la radio y el de la tele son entretenidos. →

   ……………………………………………………………………………………

4. La bicicleta y el avión son útiles. →

   ……………………………………………………………………………………

Sie sind nun in Spanien ...
Sie wollen von Ihrem Tagesablauf erzählen.

Me despierto (despertarse) a las siete,	Ich wache um 7 Uhr auf,
pongo (poner) la radio,	ich mache das Radio an,
desayuno (desayunar) café con leche, pan y mantequilla.	ich frühstücke (mit) Milchkaffee, Brot und Butter.

B: Entscheiden Sie sich: ¿Qué es ...
más útil/más agradable/más famoso/mejor/ peor/más húmedo/más bonito?

la bicicleta – la moto → La bicicleta es más útil que la moto.

1. el vino – la cerveza → ....
2. el mar – la piscina → ....
3. el amor – la amistad → ....
4. el alcohol – el tabaco → ....
5. el invierno alemán – el invierno español → ....
6. Picasso – Gaudí → ....

Rundfunk

„Radio Metrópolis" ist sicher der originellste Rundfunksender Spaniens, aber nicht der wichtigste! Seriöser und von größerer Bedeutung sind zweifellos der staatliche Rundfunksender RNE (**Radio Nacional de España)** und auf privater Seite SER **(Sociedad de Radiodifusión Española)**. RNE ist zwar im ganzen Land mit Sendestationen vertreten, steht aber an Beliebtheit hinter SER. Dafür gibt es zwei Gründe: SER als privater Sender kann eine exzellente Bezahlung bieten und er warb nach und nach die beliebtesten Sprecher und Moderatoren von anderen Rundfunksendern ab. Zudem wirbt SER in der Presse sehr offensiv für seine Sendungen – eine Methode, die in Deutschland nicht sehr gebräuchlich ist.

10 Übungen

Mit Ihrer Kassette/CD:

A: Hören und lesen Sie noch einmal jeden Mini-Dialog (10a, 10b, 10c).

B: Erinnern Sie sich an die Ausdrücke in „Sie sind nun in Spanien"? Sprechen Sie sie nach! (Den Text dazu finden Sie auf den Seiten 125, 129 und 133.)

C: Hören Sie noch einmal die gesamte Einheit 10.

D: Hören Sie nun sämtliche Sendungen von Radio Metrópolis. Ist es nicht angenehm, alles zu verstehen?

Erinnern Sie sich ?

E: Antworten Sie bitte:

¿Puedo esperar?	*Sí, espera aquí.*
¿Puedo escribir?	Sí, ...
¿Puedo hablar por teléfono?	Sí, ...
¿Puedo pasar?	Sí, ...
¿Puedo leer?	Sí, ...

F: Beantworten Sie die Fragen:

¿Podemos venir por la mañana?	*No, venid por la tarde.*
¿Podemos hacer el desayuno?	No, primero .... el baño.
¿Podemos abrir la carta?	No, ... los telegramas.
¿Podemos hablar ahora?	No, ... más tarde.
¿Podemos traer el postre?	No, ... el vino.
¿Podemos ir esta tarde?	No, ... el jueves.

G: Ändern Sie die Imperativformen und verwenden Sie dabei die *tú*-Form.

Salga por esa habitación.	*Sal por esa habitación.*
Venga por aquí.	.... por aquí.
Diga esta palabra.	.... esta palabra.
Tenga confianza.	.... confianza.
Ponga la televisión.	.... la televisión.

H: Verbinden Sie folgende Sätze:

1. ¿Qué te pasa?	a. Ten confianza en mí.
2. Aquí tenéis mi dirección.	b. Dime lo que tienes.
3. No dudes de mí.	c. Escribidme pronto.

Wir verabschieden uns nun von Ihnen und wünschen Ihnen **¡buena continuación!** in Spanien.

Dialogübersetzungen & Lösungen

In den eckigen Klammern: [...] finden Sie die Wort-für-Wort-Übersetzung; in den abgerundeten Klammern: (...) sind Wörter, die nur im Deutschen notwendig sind, nicht jedoch im Spanischen!

1a Radio Metrópolis

Dialogübersetzung:

Sprecher: Guten Abend. Sie hören [Wir sind bei] Radio Metrópolis in Madrid mit dem Ratespiel „Wie heißt es [was ist es] ? Wo befindet es sich [wo ist es]?" (Hier nun) unsere erste Kandidatin ... Hallo! Wie geht es dir? Wie fühlst du dich?

Kandidatin: Danke, gut.

Sprecher: (Bist du) nervös?

Kandidatin: Ja, schon ein bisschen. [Ja, ich bin etwas nervös.]

Sprecher: (Bleib ganz) ruhig!

Lösungen:

A: 1. estás – 2. está – 3. estáis – 4. estoy – 5.está – 6. están

B: 1. ¡Hola! ¿Cómo estás? // ¿Qué tal? – 2. Gracias, estoy bien. // Muy bien, gracias. – 3. ¿Dónde estáis? – 4. Estamos en Madrid. – 5. ¿Está la participante en Madrid? – 6. Sí, está en Madrid. – 7. Buenas noches. ¿Está nerviosa? – 8. Sí, un poco.

1b Ein Ratespiel

Dialogübersetzung:

Sprecher: Du heißt ... [dein Name ist ...]

Kandidatin: Mari Luz.

Sprecher: Und du bist ...

Kandidatin: Ich bin Andalusierin, aus Sevilla.

Sprecher: Studierst du oder arbeitest du, Mari?

Kandidatin: Ich bin Studentin.

Sprecher: Nun gut, das Ratespiel ist nicht schwer. „Wie heißt es [was ist es] und wo befindet es sich?" Alles klar?

Kandidatin: Ja, alles O.K.

Lösungen:

A: *erster Teil:* 1. eres, soy – 2. es, Es – 3. son – 4. sois, Somos.

A: *zweiter Teil:* 1. No, no es Mayerling, es (Schmidt). – 2. No, no soy de Sevilla, soy de (Düsseldorf). – 3.Estudio. – 4. Sí, es difícil. – 5. Sí, estoy nerviosa. // No, no estoy nerviosa.

B: Sevilla está en el sur de España. Vigo está en el oeste de España. Valencia está en el este de España. San Sebastián está en el norte de España.

1c Das Spiel beginnt ...

Dialogübersetzung:

Sprecher: Bereit für die Fragen?

Kandidatin: Klar!

Sprecher:	Also, hier ist die erste: Der Architekt ist Gaudí (und) es handelt sich um ein religiöses Bauwerk.
Kandidatin:	Es ist die „Iglesia de la Sagrada Familia" (Kirche der Heiligen Familie) und sie steht in Barcelona.
Sprecher:	Richtig! Zweite Frage: es ist ein Bauwerk mit Arkaden aus der Zeit der Römer. Es befindet sich in einer Stadt in der Nähe von Madrid.
Kandidatin:	Es ist der Aquädukt von ... von ...
Sprecher:	Wo? Wo befindet es sich? ... Schade! Tut mir Leid. Es ist der Aquädukt von Segovia.

Lösungen:

A: una – una – un. las – los – las.

B: la – el – el – el – la – el.

1 Übungen

Lösungen:

E: estás – está – están – estáis – estamos.

F: eres – soy – sois – somos – es.

G: usted – tú – tú – usted – usted.

H: un – una – una – una – un – un.

I: 1.b – 2.d – 3.a – 4.c.

2a Wie bitte?

Dialogübersetzung:

Sprecher:	Wir sind nun in der Endrunde des Ratespiels „Wie heißt es und wo befindet es sich?" Heutiger Kandidat ist Don Jaime del Prado. Don Jaime, ich nehme an, Sie sind aus Madrid.
Don Jaime:	(Genau,) aus Madrid. Ganz klar.
Sprecher:	Und wo wohnen Sie, Don Jaime?
Don Jaime:	Wie bitte?
Sprecher:	Wo Sie wohnen?
Don Jaime:	Ich wohne in Chamberí, in der Straße Alonso Cano.
Sprecher:	Und Sie arbeiten?
Don Jaime:	Ja klar.
Sprecher:	Und wo arbeiten Sie?
Don Jaime:	Wo was?
Sprecher:	Wo Sie arbeiten?
Don Jaime:	Ich arbeiten? Aber ich bin doch Rentner!

Lösungen:

A: *Vorschläge:* 1. Sí, trabajo./No, hoy no trabajo./ ¿Trabajar, yo? – 2. Trabajo en Hamburgo./ No trabajo, estoy jubilado(a). – 3. Vivimos en Düsseldorf. – 4. Vivimos en la calle Schiller. – 5. Sí, creo que es de Madrid. – 6. Sí, es madrileño./ Sí, don Jaime es de Madrid.

B: 1. trabajas, trabajo – 2. trabajáis, trabajamos – 3. vive, vivo – 4. estudia, estudio – 5. creéis, creemos.

2b Und hier die Spielregeln

Dialogübersetzung:

Sprecher:	Don Jaime, Sie kennen ja schon die Spielregeln.
Don Jaime:	Natürlich. Es handelt sich darum, den Titel oder den Komponisten einer berühmten Oper zu erraten.
Sprecher:	Wie bitte?
Don Jaime:	Ja, oder den Namen eines berühmten Sängers.
Sprecher:	Nein, Don Jaime, das stimmt [so ist es] nicht. Es handelt sich weder um berühmte Sänger noch um berühmte Komponisten.
Don Jaime:	Nicht?
Sprecher:	Nein. Sie müssen den Namen und den Standort berühmter Bauwerke herausfinden.
Don Jaime:	Ach so. Das ist ja noch leichter.
Sprecher:	Aber ... Vorsicht!
Don Jaime:	Ja, ich weiß schon. Für die Antwort habe ich zwei Minuten Zeit [antworten innerhalb von 2 Minuten].

Lösungen:

A: las radios – las mujeres – los madrileños – las familias – las ciudades – los autores – los museos.

B: 2. tranquila; participantes tranquilas – 3. las preguntas finales – 4. las calles bonitas – 5. señores jubilados – 6. jubilada; señoras jubiladas – 7. arquitectos españoles – 8. española; iglesias españolas – 9. cantantes alemanes – 10. alemana; cantantes alemanas – 11. concursos difíciles – 12. difícil; autoras difíciles.

2c Durchgefallen!

Dialogübersetzung:

Sprecher:	In Andulasien steht ein arabisches Bauwerk ...
Don Jaime:	Die Alhambra von Granada!
Sprecher:	Alle Achtung! Dieser Kandidat ist unglaublich (gut)!
Don Jaime:	Ehrlich gesagt: Diese Frage war [ist] sehr leicht!
Sprecher:	Und die folgende? An diesem Ort befinden sich [gibt es] berühmte Bilder. Das Bauwerk ist aus der Zeit Karl III. Was ist es, und wo befindet es sich?
Don Jaime:	Na ja, es ist ein Museum ...
Sprecher:	Ja, sicher ...
Don Jaime:	Ist dieses Museum sehr bekannt?
Sprecher:	Wie schade, Herr del Prado! Es ist ... das Prado-Museum!
Don Jaime:	So eine (dumme) Frage! Diese Ratespiele sind ja (etwas) für Doofe!
Sprecher:	Vielen Dank, Don Jaime, und bis bald!

Lösungen:

A: 1. este, esta , Estos/Estas – 2. Esos, Esas, Ese/Esa – 3. aquella, aquellos.

B: 1. Sevilla está en Andalucía. – 2. Andalucía está en el sur de España. – 3. En Madrid hay un parque bonito. – 4. En este parque hay un museo. – 5. En el Museo del Prado está „La Maja Desnuda" de Goya.

2 Übungen

Lösungen:

C: pregunta fácil – ópera conocida – monumento célebre – muchas gracias.
F: vivo – trabajo – trabajáis – trabajamos – creo – viven.
G: a – b – b – a.
H: Estos autores son franceses. – Estas cantantes son famosas. – Estas iglesias son conocidas. – Estos monumentos son religiosos.
I: b – a – a – a.
J: 1.b – 2.a – 3.d – 4.c.

3a Der Hörer hat das Wort

Übersetzung:

Unser Radio ist dein Radio. Unser Programm ist dein Programm. An der Sendung „Der Hörer hat das Wort" [sagt seine Meinung] kann jeder [können wir alle] teilnehmen. Wie? Das ist sehr leicht: Mit einem einfachen Telefonanruf bei der Nummer 1.10.20.30, ich wiederhole 1.10.20.30.; du kannst aber auch einen Brief mit deinem Namen und deiner Adresse an Radio Metrópolis, Calle Mayor, Hausnummer 34, 28010 Madrid, schicken. Hier der (mein) erste(r) Anruf. Hallo, (guten Tag), wer spricht?

Lösungen:

A: sueño – sueñas – sueña – soñáis – soñamos – sueñan.
B: ¡Hola, buenos días! ¿Cómo está usted? ¿Participa también en el concurso? – No, no puedo. Trabajo y no puedo participar. – Pero el concurso es muy interesante. ¿Es también su opinión? – Sí, claro. – Pero usted también puede participar y escribir una carta. – Sí, es una buena idea. Adiós. – Adiós, ¡hasta pronto!

3b Eine kritische Stimme

Dialogübersetzung:

Sprecher:	Hallo! Wer spricht?
Hörerin:	Ich bin Hörerin Ihres Programms. Kann ich Ihnen meine Meinung sagen?
Sprecher:	Nur zu.
Hörerin:	Zuerst möchte ich zu dem Ratespiel „Wie heißt es und wo befindet es sich" etwas sagen.
Sprecher:	Reden Sie nur.
Hörerin:	Ich finde, dass diese Art von Ratespielen lächerlich ist.
Sprecher:	Ach ja?
Sprecher:	Sie denken ja wohl, dass Ihre Hörer Kinder sind.
Sprecher:	Und warum (gnädige Frau)?
Hörerin:	Weil die Fragen kindisch sind.
Sprecher:	Dies ist Ihre Meinung, meine Dame.
Hörerin:	Nein. Viele Leute denken so wie ich. Ich bin der Meinung, dass das Radio etwas Besseres machen kann und sollte, und wir denken ...
Sprecher:	Hallo? Hören Sie? ...

Lösungen:

A: su – su – sus – mi – son mis – es nuestra

B: *mögliche Lösungen:* a. porque pienso que es infantil – b. porque es un programa serio – c. porque pienso que es interesante – d. porque quiero participar – e. porque es bueno/conocido/famoso.

3 Übungen

Lösungen:

C: lugar – participar – mandar – dar.

G: mi – nuestro – nuestra – mi – su – su.

H: su – su – sus – su.

I: puedo – quiere – quiero – puede – pueden.

J: empezamos – podemos – queremos – Preferimos.

K: 1.d – 2.b – 3.e – 4.a, c – 5.a, c.

4a Programmvorschau

Übersetzung:

Guten Morgen, verehrte Hörer von Radio Metrópolis ... Es ist Punkt sieben Uhr (morgens). Da sind wir wieder, um Ihnen die Gäste der Woche vorzustellen: Am heutigen Montag um 10 Uhr 30 ist die Journalistin Conchita Diaz (unser Gast). Morgen, Dienstag, um 19 Uhr 45 der Bürgermeister von Madrid. Am Mittwoch um 15 Uhr der berühmte Architekt Pablo Guzmán. Am Donnerstag-, Freitag- und Samstagmorgen (hören Sie) Dr. Anatomos, Naturheilkundler, in der Sendung „Medizin und Gesundheit". Und wie jeden Sonntagnachmittag, unsere Sportsendung, mit einem (ganz) besonderen Gast.

Lösungen:

1.d – 2.a – 3.e – 4.b – 5.c – 6.f.

4b Ein Werbespot

Dialogübersetzung:

Frau:	Ich bin müde. Ich bin deprimiert. Ich brauche mal richtigen Urlaub. Aber wohin soll man reisen? Wohin gehe ich nur?
Mann:	Fahren wir doch ins Hotel Miramar, ins beste Hotel der Costa del Sol.
Beide:	Die Lage? – Am Meer. In der Nähe eines kleinen Fischerdorfes. Die Zimmer? – Alle mit Bad, Terrasse und Meerblick. Die Strände? – Paradiesisch. Das Essen? – Ausgezeichnet. Die Nächte? – Aufregend. Der Aufenthalt? – Unvergesslich. Ein wirkliches Paradies zu extrem irdischen Preisen!

Lösungen:

A: vas – voy – va – van – vamos – vais a.

B: a, al – a, a un – van/hay – en – del, es.

4 Übungen

Lösungen:

E: miércoles – lunes – jueves, viernes, sábado – martes.
F: ocho menos cuarto – tres de la tarde – diez y media de la mañana.
G: 1. ocho de la tarde – 2. las nueve de la mañana – 3. a las diez y media de la noche – 4. a las once de la mañana – 5. a la una de la tarde – 6. a las seis de la tarde.
H: al – del – a la – de la.
I: ¿Adónde van? – ¿Adónde vas? – ¿Adónde van? – ¿Adónde va? – ¿Adónde va?
J: 1.d – 2.c – 3.b – 4.a.

5a Interview mit einem Filmstar

Dialogübersetzung:

Journalist:	Wir sprechen gerade mit Ana Castillo. Wir befinden uns bei ihr zu Hause. Ana ist Schauspielerin. Sie ist 25 Jahre alt und lebt zur Zeit in Madrid. Sie ist mit einem Regisseur verheiratet. Ana, was machst du gerade?
Ana:	Zur Zeit arbeite ich an einem sehr interessanten Film über die Eltern-Kind-Beziehungen.
Journalist:	Und welchen Titel trägt der Film?
Ana:	„Bin ich der Sohn meines Vaters?" Es hört sich hübsch an, nicht wahr?
Journalist:	(Wie lautet der) Name des Regisseurs?
Ana:	(Der Regisseur ist) mein Mann, Juan del Castillo.
Journalist:	Wie ich sehe, bleibt alles in der Familie!

Lösungen:

A: 1. tengo – tienes – 2. tiene – tiene – 3. Tenéis – tenemos – 4. tienen.
B: el hermano – el marido/esposo – la madre – la hermana – los hijos – la mujer/esposa.

5b Zukunftspläne

Dialogübersetzung:

Journalist:	Welche Pläne hast du für die Zukunft?
Ana:	Zunächst die Arbeit an diesem Film [den Film] zu beenden. Dann werde ich nach Argentinien zurückfliegen. Wir werden ein Theaterstück mit rübernehmen, das wir gerade erst hier aufgeführt haben.
Journalist:	Du sprichst von „Doña Rosita la soltera" (Doña Rosita, die Junggesellin) ... Ein großer Publikumserfolg!
Ana:	Ja, seit der Premiere war es ein wirklicher Erfolg: (Es waren immer) alle Vorstellungen ausverkauft.
Journalist:	Wie lange werdet ihr es aufführen? [Wie viele Aufführungen werdet ihr geben?]
Ana:	Wenn Doña Rosita nicht vorher heiratet, bis zum Ende des Jahres.

Lösungen:

A: acaba de – acabamos de – acaban de – acaba de – acaban de – acabo de ...
B: ¿Qué vas a hacer? Voy a llamar a mis padres. Van a volver mañana de las vacaciones. Pero mi amigo va a ir de vacaciones. Y vosotras, tú y tu hija, ¿qué vais a hacer? Nosotras vamos a ver una película.

5c Lügen verboten!

Dialogübersetzung:

Journalist:	Ana, wir schlagen allen Schauspielern, die wir besuchen, ein Spiel vor. Kennst du es?
Ana:	Ja, und es gefällt mir sehr gut.
Journalist:	Also – was hältst du von der Freundschaft?
Ana:	Ich mag aufrichtige und lustige Freunde.
Journalist:	Und wie steht's mit der Treue?
Ana:	Finde ich eher albern. Es gibt sie nicht. Aber ... Vorsicht, mein Mann hält sie für sehr wichtig!
Journalist:	(Und) die Liebe?
Ana:	DiesesWort gefällt mir. Wo [wenn] es keine Liebe gibt, gibt es auch kein Leben.
Journalist:	(Und) Familie?
Ana:	Ein notwendiges Übel. Sie gefällt mir und sie gefällt mir (wiederum) auch nicht.
Journalist:	Die Ehe?
Ana:	Ich ertrage sie. Sie scheint mir der erste Schritt zur Scheidung zu sein.
Journalist:	Die Politik?
Ana:	Ich verabscheue sie. Ich mag Politiker nicht. Aber eines ist klar, sie sind gute Schauspieler, finde ich.
Journalist:	(Und) Interviews?
Ana:	Ich hasse sie.
Journalist:	(Und) Journalisten?
Ana:	Manchmal finde ich sie sympathisch. Und was denkt ihr darüber?
Journalist:	Wir sind (da) völlig deiner Meinung.

Lösungen:

A: *(Vorschläge)* No me gusta el cine. – Me gusta / Prefiero el teatro – La amistad me parece importante. – Odio el matrimonio. – etc.

B: 1. te – 2. me – 3. os – 4. le.

5 Übungen

Lösungen:

C: Madrid – entrevista – padre.

F: hablando mucho – viviendo aqui – haciendo un juego – llamando por teléfono – teniendo éxito – trabajando aqui.

G: 1. parece, gusta – 2. gusta, parece – 3. parecen, parecen – 4. gustan, parecen.

H: lo – los – lo – la.

I: 1.b – 2.d – 3.a – 4.c.

J: 1.c – 2.d – 3.b – 4.a.

6a Kurznachrichten

Übersetzung:

Die 22-Uhr-Kurznachrichten von Radio Metrópolis. – Der Ministerpräsident hatte mit den Gewerkschaftsvertretern eine Unterredung. Ergebnis: Einfrierung der Löhne. – Der Arbeitsminister aß mit den Arbeitgebervertretern zu Mittag. Ergebnis: Lohnerhöhung. – Eine außergewöhnliche Idee hinsichtlich der Aktion „Ferienende": Die Autofahrer haben beschlossen per Anhalter zu fahren. – (Und hier) noch eine seltsame Nachricht: Die Prinzessin von Santo Florero hat ihr erstes Kind in einem öffentlichen Krankenhaus [in einer Klinik der Sozialversicherung] bekommen. Die Aristokratie zahlt (wohl) auch Sozialbeiträge! – Die Feuerwehrleute sind auf die Straße gegangen, um gegen die Sicherheitsmaßnahmen zu protestieren. Ergebnis: Feuer! Hilfe! Hilfe! Feuer!

Lösungen:

A: 1. lo he visitado – 2. he hablado – 3. ha ido – 4. habéis encontrado – 5. has informado.

B: 1. no lo he estudiado – 2. no la he presentado – 3. no lo he mandado – 4. no los he llamado 5. no las he terminado – 6. no las he respondido.

6b Aktuelles vom Sport

Übersetzung:

Und nun wollen wir unseren Kollegen vom Sport nach den Ergebnissen vom Wochenende fragen.– Was soll ich Ihnen sagen? Eine wahre Katastrophe für Atlético Madrid. Barça hat in der Liga 5 : 0 gewonnen. Es sieht düster aus für die Rot-Weißen! – Dagegen hatten [war es für] die Basketballer einen [ein] glücklichen[r] Nachmittag. Die spanische Mannschaft hat den Franzosen ein hervorragendes Spiel geliefert. – Schwimmen. Die Amerikaner haben an die Kubaner den Meisterschaftstitel verloren. Das nennt man (eine wahre) Revolution! – Radrennen. Die Radrennfahrer der Spanien-Rundfahrt haben einen Brief geschrieben, um gegen den (schlechten) Straßenzustand zu protestieren. Die Veranstalter haben ihnen nicht geantwortet. – Stierkampf. Ungewöhnlicher Stierkampf in der Maestranza, der Stierkampfarena von Sevilla. Der Stier hat den Stierkämpfer Periquín auf die Hörner genommen. Ohne Kommentar.

Lösungen:

A: a mí – a él – a ti.

B: hecho – visto – dicho – escrito – puesto.

6 Übungen

Lösungen:

C: radio – corrida – resultado.

F: trabajado – comido – salido – podido.

G: has – he, he – habéis – hemos – ha – he, he.

H: ¿Has escrito...? – ¿Habéis hecho...? – ¿Habéis puesto...? – ¿Ha vuelto papá?

I: les – le – les – les – les – les.

J: 1.c – 2.d – 3.a – 4.b.

7a Als Paco klein war ...

Dialogübersetzung:

Journalist: Paco, was wolltest du als kleiner Junge werden?

Paco: Na ja,als ich fünf Jahre alt war, wollte ich Friseur werden.

Journalist: Und warum?

Paco:	Ich ging mit meinen Schwestern (immer) zum Friseur. Ich begleitete sie, weil es ein Ort war, der mich faszinierte.
Journalist:	Und was faszinierte dich daran?
Paco:	Zu sehen, wie eine Frisur, ein Make-up, ein Haarschnitt die Leute veränderte, sie verwandelte.
Journalist:	Und was machtest du (dort)? War es dir nicht langweilig?
Paco:	Überhaupt nicht! Ich hatte viel Spaß. Es gefiel mir sehr gut, den Gesprächen der Frauen zuzuhören. Die (Diese) Welt der Frauen zog mich ungemein an.
Journalist:	Und jetzt?
Paco:	Na, was glaubst du?

Lösungen:

A: 1. tenía, tiene – 2. se divertía, se divierte – 3. iba, va – 4. comía, come – 5. conocía, conoce – 6.veía, ve – 7. prefería, prefiere.

B: *Vorschläge:* 1. Sí, ... / No, íbamos en tren. – 2. Sí, ... / No, íbamos a un pueblo ... – 3. Sí, ... / No, estábamos en la casa de mis padres. – 4. Sí, .../ No, no teníamos ... – 5. Sí, ... / No, comíamos en el restaurante. – 6. Sí, ... / No, no escribía / No, escribía cartas. – 7. Sí, ... / No, leía el periódico. – 8. Sí, ... / No, no eran verdaderas vacaciones.

7b Als Paloma klein war ...

Dialogübersetzung:

Journalist:	Als du klein warst, was wolltest du werden, Paloma?
Paloma:	Ich wollte schon seit meiner Kindheit Fotomodell werden. Ich verbrachte in den Geschäften Stunden um Stunden in der Ankleidekabine. Ich probierte alles an: Kleider, Hüte, Schuhe, einfach alles.
Journalist:	Und was führte dich in die Welt des Modedesign?[wie tratest du in die Welt des Designs ein?]
Paloma:	Ein paar Zentimeter.
Journalist:	Ich verstehe nicht.
Paloma:	Doch: Mit 18 Jahren machte ich eine traurige Erfahrung. Ich meldete mich zu einem Wettbewerb für Mannequins. Und dort verlor ich die größte Illusion meines Lebens!
Journalist:	Was passierte?
Paloma:	Kannst du es (dir) nicht denken? Das kleinste Modell war 1,70 m groß. Und (dagegen) ich mit meinen 1,50 m – was konnte daraus schon werden!
Journalist:	Eine große Designerin!

Lösungen:

A: De pequeña: (no) veía, (no) estudiaba,(no) salía, (no) necesitaba. – La semana pasada: vi, estudié, salí, necesité. – Esta semana: he visto, he estudiado, he salido,he necesitado ...

B: entré – pregunté – contestó – probé – gustó – compré.

7c Der Schriftsteller

Dialogübersetzung:

Journalist:	Und was wollten Sie als Kind werden?
Schriftsteller:	Nichts. Ich wollte nichts werden.
Journalist:	Aber hat Ihnen nicht irgendetwas besonders gefallen?

Schriftsteller:	Na ja, doch. Mir gefiel alles und nichts. An einem Tag wollte ich Astronaut werden, an einem anderen Klempner und wieder an einem anderen Maler. Was weiß ich!
Journalist:	Erinnern Sie sich an eine Anekdote aus Ihrer Kindheit?
Schriftsteller:	Ja, ich ging zu meiner Großmutter und ein Hund biss mich.
Journalist:	Sehr interessant! Und wie wurden Sie Schriftsteller?
Schriftsteller:	Eines Tages bat mich mein Literaturlehrer um einen Artikel für eine Zeitung ...
Journalist:	Und ...?
Schriftsteller:	Ich sagte nein, aber er insistierte. Und so begann ich zu schreiben.
Journalist:	Und was empfanden Sie, als Sie Ihr erstes Buch sahen?
Schriftsteller:	Nichts. Ich empfand nichts.
Journalist:	Eine echte Berufung!

Lösungen:

A: 1. d – 2. b – 3. c – 4. e – 5. a.

B: pedí – preguntó – necesitaba – respondí – quería – dijo – iba – ha llamado – ha dicho – sentía – era – tenía.

7 Übungen

Lösungen:

E: volvía, compraba – iba, probaba – trabajaba, divertía.

F: hacías – estudiaba – aburrías – divertía, tenía – vivías.

G: Me lavé – Me peiné – Me corté – Me maquillé – Me puse.

H: c, b – b, c – c, b.

I: 1.b – 2.c – 3.d – 4.a.

8a Ein Hörspiel

Übersetzung:

(Sie hören) im Anschluss nun eine weitere spannende Folge unserer Hörfunkserie „Zwischen Liebe und Hass". Juan Amor ist auf eine Karibikinsel gefahren, um den Tod seines Bruders zu rächen. Eines nachts lernt er in einem verrufenen Kabarett Perla kennen, eine schöne und geheimnisvolle Frau. Was wird geschehen? Wird sich Juan in die schöne Perla verlieben? Wird er die wahre Identität dieser Frau herausfinden? Wird er den tatsächlichen Mörder seines Bruders entdecken? Oder wird er abreisen, ohne die Wahrheit zu erfahren? Dies alles werden wir in wenigen Minuten wissen. Aber zuvor werden wir noch Marisol hören, die uns das Tageshoroskop vorstellen [kommentieren] wird, Sternzeichen für Sternzeichen.

Lösungen:

A: 1. comeré – 2. pensarás – 3. pedirán – 4. iremos – 5. seréis – 6. conocerá.

B: 1. Sí, me canso. – 2. Sí, me afeito todos los días. – 3. Sí, se pasea por las calles. – 4. Sí, me enteré. – 5. Sí, se marchará mañana. – 6. Sí, nos aburrimos. – 7. Sí, se divertieron mucho.

8b Intermezzo: Horoskop

Übersetzung:

21. März bis 20. April: Widder. Für die Widder gibt es heute schönes Wetter. Euch erwartet eine angenehme Überraschung. Die Schwiegermutter wird ausziehen. 21. Mai bis 21. Juni: Zwillinge.

Feuchte Zeiten für die Zwillinge. Überschwemmung in der Wohnung. Die Nachbarn haben Schuld. Ihr könnt nicht weggehen. 21. Juli bis 22. August: Löwe. Für dieses Tierkreiszeichen wird es Regen geben. Es wird bei euch Monatsabrechnungen hageln [regnen]. Ihr werdet wohl nicht ohne Regenschirm ausgehen können [ohne den Regenschirm zu öffnen]. 22. September bis 22. Oktober: Waage. Uns Waage-Menschen wird sehr warm werden. Leidenschaft in Sicht. Eine alte Liebe wird wieder auftauchen [kommen] und alte Erinnerungen in uns wecken.

Lösungen:

A: 1. En agosto iré a España. Pienso que también vendrán nuestros vecinos. Todos saldremos mucho. Nos divertiremos mucho. Hará muy buen tiempo. Siempre podremos ir a la playa. No habrá problemas. Seré muy feliz.

B: dará – mandaré – escribiremos – volverán – ganaréis.

8c Im Zeichen des Schützen

Übersetzung:

22. November bis 22. Dezember: Schütze. Kalt, kalt für den Schützen. – Du solltest dafür sorgen, dass der Winter wärmer wird [dich schon auf einen wärmeren Winter vorbereiten]. – 22. Januar bis 21. Februar: Wassermann. – Für dich, Wassermann, wird die Sonne herauskommen; aber Vorsicht, nichts übertreiben! Du könntest dir einen Sonnenstich holen! – Unbeständige und nicht (genau) vorhersehbare Wetterlage für den Steinbock, den Stier und den Krebs. Sie müssen ihr Leben ändern. Wer (muss das) nicht? Jetzt aber ist das nicht der geeignete Moment dafür: Sie würden (nur) in ihr Unglück rennen. – Schlechtes Wetter ebenfalls für Skorpione und Fische. – Aber nur Mut! Je schlechter das Wetter, desto fröhlicher die Miene!

Lösungen:

A: 1.tendría – 2. vendría – 3. haríamos – 4. cogería – 5. deberías – 6. ganarían.

B: Haría una fiesta con mis amigos españoles. Todos vendrían. Habría mucha sangría. Hablaría un poco español. Los amigos se quedarían mucho tiempo/hasta muy tarde. Sería una fiesta muy bonita.

8 Übungen

Lösungen:

E: irás – llegará – recibirán – volverán – enterará.

F: hará – lloverá – saldrá.

G: podrías – sería – vendríais – Tendrías.

H: septiembre, diciembre – inestable – marzo – calor – julio – agosto.

I: 1.b,c – 2.a – 3.d,e – 4.b – 5.d,e.

9a Mit wem spreche ich?

Dialogübersetzung:

Juan	Amor begleitet Perla (nach Hause) und kehrt in sein Hotel zurück.
Portier:	Herr Amor, hier liegt eine Nachricht für Sie.
Juan:	Für mich? Von wem?
Portier:	Ich weiß es nicht, er hat seinen Namen nicht hinterlassen. Er möchte, dass Sie ihn unter dieser Nummer anrufen.

Juan:	Danke. Geben Sie mir bitte den Schlüssel. Ich werde von meinem Zimmer aus telefonieren. (...) Hallo? Hier Juan Amor. Mit wem spreche ich?
Unbekannter:	Mit einem Freund Ihres Bruders. Ich sah Sie gestern Abend mit Fräulein Perla. Ich habe eine Information, die Sie vielleicht interessiert.
Juan:	Ich glaube nicht, dass sie mich interessiert.
Unbekannter:	Und wenn ich Ihnen sage, dass Perla die Frau Ihres Bruders war [ist] und für den Unfall verantwortlich ist?
Juan:	(Dann) ist es wohl möglich, dass ich es nicht glaube. Wer sind Sie und was wollen Sie?
Unbekannter:	Vielleicht erhalten Sie sehr schnell eine Antwort. Ich hoffe, dass es dann nicht zu spät ist!

Lösungen:

A: 1. trabaje – 2. vuelva – 3. escriba – 4. venga – 5. vayamos – 6. ganéis – 7. haya.

B: 1. reciba – 2. mandes – 3. tengan – 4. va – 5. sea – 6. es – 7. des – 8. escriba.

9b Kommen Sie allein!

Dialogübersetzung:

Juan Amor, von Zweifeln geplagt, insistiert.

Juan:	Ich will, dass Sie mir die Wahrheit sagen. Ich muss die ganze Wahrheit wissen.
Unbekannter:	Was halten Sie davon, wenn wir uns im Restaurant „La Mano Negra" (die schwarze Hand) treffen?
Juan:	Wo befindet es sich?
Unbekannter:	Ganz in der Nähe des Rathausplatzes. Man muss in die Marktstraße gehen und nach der Ampel rechts abbiegen. Das Restaurant befindet sich neben einer Apotheke.
Juan:	Wann (treffen wir uns)?
Unbekannter:	Heute Abend, um acht Uhr. Ich werde schwarz angezogen sein und eine rote Krawatte tragen. Ich erwarte, dass Sie alleine kommen.
Juan:	Warum alleine?
Unbekannter:	Sie müssen tun, was ich Ihnen sage,wenn Sie keine Probleme bekommen wollen!

Lösungen:

A: 1.c – 2.f – 3.g – 4.e – 5.a – 6.i – 7.d – 8.b – 9.h.

B: 1. tienes que – 2. hay que – 3. hay que – 4. hay que – 5. tienes/tengo ... que – 6. tenemos que. – 7. hay que – 8. tengo que.

9c Reden Sie endlich!

Dialogübersetzung:

Juan kommt pünktlich zur Verabredung. Einige Minuten später sieht er einen kleinen Mann, der schwarz gekleidet ist und hinkt, auf sich zukommen.

Unbekannter:	Feuer?
Juan:	Ja, danke. Sind Sie ...?
Unbekannter:	Ja. Herr Ober!
Kellner:	Was darf ich Ihnen bringen?
Unbekannter:	Was empfehlen Sie uns?

Kellner:	Bestellen Sie nicht das Tagesmenü. Es ist heute nicht sehr gut. Nehmen Sie lieber Fisch, gebraten oder gebacken, mit Kartoffeln.
Unbekannter:	Ist es Ihnen recht?
Juan:	Bestellen Sie nichts für mich . Ich habe keinen Hunger. Können Sie mir etwas zu trinken bringen?
Kellner:	Was wünschen Sie?
Juan:	Einen Rotwein.
Kellner:	Tut mir leid, wir haben keinen.
Juan:	Dann ein sehr kaltes Bier. Hören wir mit dieser Komödie auf! Reden Sie endlich!
Unbekannter:	Hier, nehmen Sie. Lesen Sie diese Notiz.
Kellner:	Und zum Nachtisch?

Lösungen:

A: 1. abra – 2. termine – 3. acompañe – 4. escriba – 5. adivine – 6. beba.

B: (No, no ...; Sí ...) 1. voy a leerlos – 2. queremos terminarla – 3. voy a escribirlas – 4. quiero visitarte. – 5. tengo que pagarla. – 6. quiero saberla. – 7. quiero conocerlos. – 8. voy a dejarla aquí.

9 Übungen

Lösungen:

C: calle – llave – llega – llama.

F: hables – escriban – leáis.

G: es, sean – viene, venga – tienes, tenga.

H: tiene – tienes – tenemos – tenéis.

I: lea – coma – hable.

J: 1.d – 2.c – 3.b – 4.a.

10a Der Brief

Dialogübersetzung:

Juan liest die Nachricht laut vor: „Alles klar. Mein Mann kommt ungefähr um Mitternacht am vereinbarten Ort vorbei. Verlasst dieses Mal das Haus pünktlicher. Denkt daran, viele Millionen stehen auf dem Spiel."

Perla:	Was machst du hier, Juan?
Juan:	Perla! Sag, dass es nicht wahr ist!
Perla:	Aber was habe ich denn getan?
Juan:	Wie kannst du nur so zynisch sein?
Perla:	Juan, was ist mit dir los? Bitte, sprich. Ich verstehe überhaupt nichts.
Juan:	Hier [nimm], lies!
Perla:	Ach! Jetzt verstehe ich. Deswegen hast du mich kommen lassen? Warum lässt du mich nicht ein für allemal in Ruhe?

Wer ist die geheimnisvolle Person? Ist Perla wirklich schuldig? Entdeckt die ganze Wahrheit und hört die letzte Folge.

Lösungen:

A: 1. Lee el libro.– 2. Di la verdad. – 3. Escucha bien. – 4. Toma. – 5. Vuelve pronto. – 6. Habla con él.

B: 1. No vengáis mañana. – 2. Salid conmigo esta tarde. – 3. No escribáis la carta. – 4. No hagáis esto.

10b Ende gut, alles gut!

Dialogübersetzung:

Perla: Vertrau mir, Juan! Dieser Typ (hier) erträgt es nicht, mich mit einem anderen Mann zu sehen.
Juan: Aber wieso denn?
Perla: Siehst du denn nicht, dass er krank vor Eifersucht ist? Er hat diese ganze Lüge erfunden, um mich von dir fern zu halten. (...) Verschwinde [Geh hinaus] von hier und tu mir den Gefallen und vergiss mich für immer.
Juan: Und was war mit dem [Und der] Unfall?
Perla: Ich bin sicher, dass er es war. Und du, warum hast du an mir gezweifelt?
Juan: Verzeih mir, Liebling. Mir ging es sehr schlecht. Ich verspreche dir, dass uns (in Zukunft) nichts mehr [nichts und niemand] trennen wird [kann].
Perla: Sag, dass du mich liebst!
Juan: Ich habe niemals aufgehört, dich zu lieben!

Lösungen:

A: 1.d – 2.c – 3.e – 4.b – 5.a.
B: (Sí, ...) 1. escríbeme una (postal). – 2. hazme este favor. – 3. ten confianza en mí. – 4. di la verdad – 5. ámame.

10c Sendeschluss

Übersetzung:

Wir kommen (nun) zum Ende unseres Programms. Morgen wird wieder ein neuer Tag sein. Beginnne den Tag [Wach mit uns auf] mit „Matinal Metrópolis" (den Frühnachrichten). So anregend wie Kaffee wird Matinal dich auf dem Weg zur Arbeit begleiten. Nützlicher als eine [die] Zahnbürste wird Matinal dir sagen, ob die Straßen schon auf ihrem Platz sind und die Staus und Polizisten sich da befinden, wo sie immer sind. So erfrischend wie eine [die] Dusche, gibt dir „Matinal" Informationen, die seriös, objektiv und gleichzeitig unterhaltsam sind. „Matinal" hilft dir früh aufzustehen. Und du weißt ja: „Morgenstund' hat Gold im Mund" [Gott hilft dem, der früh aufsteht].

Lösungen:

A: 1. es tan refrescante como – 2. es tan bueno como – 3. es tan entretenido como – 4. es tan útil como.
B: Vorschläge: 1. mejor – 2.agradable – 3. bonito – 4. peor – 5. húmedo – 6. famoso

10 Übungen

Lösungen:

E: escribe – habla – pasa – lee.
F: haced – abrid – hablad – traed – id.
G: ven – di – ten – pon.
H: 1.b – 2.c – 3.a – 4.d.

Adjektiv	Eigenschaftswort (2b)
Adverb	Umstandswort (10c)
Akkusativ	4. Fall, Wen-Fall (5c)
Apostroph	Auslassungszeichen
Artikel	Geschlechtswort (1c)
Dativ	3. Fall, Wem-Fall (5c)
Demonstrativpronomen	hinweisendes Fürwort (2c)
Futur	Zukunft (5b)
Gerundium	Verlaufsform (5a)
Imperativ	Befehlsform (9c)
Imperfekt (=Imperfecto)	unvollendete Vergangenheit (7a)
Indefinido	Historische Vergangenheit (7b)
Indikativ	Wirklichkeitsform
Infinitiv	Grundform (2a)
Komparativ	1. Steigerungsstufe
Konditional	Bedingungsform (8c)
Konjugation	Beugung
Konjunktion	Bindewort
Konjunktiv (=Subjuntivo)	Möglichkeitsform (9a)
Konsonant	Mitlaut
Nominativ	1. Fall, Wer-Fall
Partizip Perfekt	Mittelwort der Vergangenheit (6a)
Partizip Präsens	Verlaufsform
Perfekt (= Perfecto Compuesto)	vollendete Gegenwart / Vorgegenwart (6a)
Personalpronomen	persönliches Fürwort (1a)
Plural	Mehrzahl (1a)
Possessivpronomen	besitzanzeigendes Fürwort (3a)
Präposition	Verhältniswort (4b)
Präsens	Gegenwart (2a)
Pronomen	Fürwort (1b)
reflexiv	rückbezüglich (8a)
Relativpronomen	bezügliches Fürwort
Singular	Einzahl (1a)
Substantiv	Hauptwort (2b)
Synonym	Wort mit ähnlicher Bedeutung
Verb	Tätigkeitswort (1a)
Vokal	Selbstlaut

§1 Bestimmter und unbestimmter Artikel (Geschlechtswort)

§1.1 Formen

		bestimmter Artikel		unbestimmter Artikel	
Singular (Einzahl)	männlich	**el** amigo	der Freund	**un** amigo	ein Freund
	weiblich	**la** mujer	die Frau	una mujer	eine Frau
Plural (Mehrzahl)	männlich	**los** amigos	die Freunde	**unos** amigos	Freunde
	weiblich	**las** mujeres	die Frauen	**unas** mujeres	Frauen

§1.2 Gebrauch

Neutrum lo wird oft vor Adjektiven, Partizipien und Pronomen, manchmal vor Adverbien gebraucht:

lo bueno (das Gute)

Mit bestimmtem Artikel stehen:

• Uhrzeit	a **las 7**	um 7 Uhr
	Son **las 10.**	Es ist 10 Uhr.
• Wochentage	**El miércoles** viene Juan.	Am Mittwoch kommt Juan.
	Los lunes no trabajo.	Montags arbeite ich nicht.
• Zeitangaben	**el año** pasado	letztes Jahr
	la semana que viene	nächste Woche
• Im allgemeinen Sinn gebrauchte Stoff- und Gattungsnamen	¿Le gusta **el vino tinto**?	Mögen Sie Rotwein?
	Las mujeres son hermosas.	Frauen sind schön.
• Spiel, Sport, Sportmannschaften	jugar **al tenis**	Tennis spielen
	el Barcelona	Barcelona
	el Real Madrid	Real Madrid
• Titel bei Nachnamen außer bei der Anrede	**el señor** García	Herr García
	Buenos días, profesor.	Guten Morgen, Herr Professor.
	el profesor Ruiz	Professor Ruiz
• Einige Städtenamen	**La Habana**	
	La Paz	

• Bisweilen einige Ländernamen	(**el**) Uruguay (**el**) Brasil (**el**) Japón **El Cairo** (**el**) Canadá (**la**) Argentina (**la**) India

Ohne Artikel stehen

• Titel bei Vornamen	**don** José	
	doña Isabel	
• Anrede	¿Qué tal, **señorita**?	Wie geht's, Fräulein?
	¿Un café, **doctor**?	Ein Kaffee, Herr Doktor?
• Monatsnamen	en **febrero**	im Februar
	diciembre	der Dezember
• Verkehrsmittel mit der Präposition *en*	ir en **tren /** en **taxi**	mit dem Zug / Taxi fahren

Der unbestimmte Artikel steht nicht vor otro, meistens auch nicht vor medio und parte:

otro libro	ein anderes Buch
dentro de **media** hora	in einer halben Stunde
parte de los alumnos	ein Teil der Schüler

§2 Substantive im Singular und Plural (Hauptwörter in der Einzahl und Mehrzahl)

Im Spanischen sind Substantive entweder männlich oder weiblich:
- männliche Substantive auf -o, weibliche auf -a. Plural: + -s;
- männliche und weibliche Substantive auf -e. Plural: + -s.
- Plural der Substantive, die auf Konsonant oder auf -í, -ú enden: -es;

(meistens männlich sind Substantive auf -ón, -l, -r);
(meistens weiblich sind Substantive auf -ión, -ad, -z):

Singular		Plural	
el libr**o**	das Buch	los libr**os**	die Bücher
la mes**a**	der Tisch	las mes**as**	die Tische
la madr**e**	die Mutter	las madr**es**	die Mütter
la verd**ad**	die Wahrheit	las verdad**es**	die Wahrheiten
el act**or**	der Schauspieler	los actor**es**	die Schauspieler
la revoluc**ión**	die Revolution	las revolucion**es**	die Revolutionen

- Substantive, die auf -s nach unbetontem Vokal enden, bleiben im Plural unverändert:

el mart**es**	Dienstag	los mart**es**
el paragu**as**	Regenschirm	los paragu**as**

Ausnahmen:

- Es gibt einige männliche Substantive auf -a, z. B.:

el poeta	der Dichter	el mapa	die Landkarte
el telegrama	das Telegramm	el tema	das Thema
el día	der Tag	el clima	das Klima
el programa	das Programm	el poema	das Gedicht

- Es gibt einige weibliche Substantive auf -o, z. B.:

la mano	die Hand	la foto	das Lichtbild
la radio	der Radioapparat/Rundfunk	la moto	das Motorrad

Besonderheiten:

- Manche Substantive können im Plural eine zweite Bedeutung haben:

el padre	der Vater	la esposa	die Gattin
los padres	die Eltern	las esposas	die Handschelle

§3 Nominativ / Akkusativ / Dativ / Genitiv (Die vier Fälle)

Nom. (Wer? Was?)	**El concurso** es difícil.	Das Ratespiel ist schwierig.
Akk. (Wen?)	Juan compra **el pescado**.	Juan kauft den Fisch.
Dativ (Wem?)	Doy la mano **a mi amigo**.	Ich gebe meinem Freund die Hand.
Gen. (Wessen?)	El amigo **de María** es infantil.	Marias Freund ist kindisch.

- Dativ hat die Präposition a (oder para); Genitiv hat de
- im Akkusativ steht die Präposition a vor Namen von genau bestimmten Personen oder Lebewesen, aber kein a in der Regel bei tener, necesitar, encontrar:

Acompaño Pilar.	Ich begleite Pilar.
Tengo muchos amigos.	Ich habe viele Freunde.
¿Entiendes **al** profesor?	Verstehst du den Lehrer / Professor?

§4 Präpositionen (Verhältniswörter)

§4.1 Präposition + bestimmter Artikel

a + el = al

Voy **al** cine.	Ich gehe ins Kino.

de + el = del

Viene **del** cine.	Er kommt aus dem Kino.

§4.2 Präposition „de"

Die Präposition de steht im Spanischen

• nach Substantiven, die Menge, Maß oder Anzahl bezeichnen:	dos kilos **de** frutas un litro **de** cerveza una taza **de** café	zwei Kilo Früchte ein Liter Bier eine Tasse Kaffee
• für Bezeichnung der Herkunft, Ursache oder näheren Bestimmung:	Soy **de** Valencia. el mes **de** junio	Ich bin aus Valencia. der Monat Juni

§5 Das Adjektiv (Eigenschaftswort)

§5.1 Singular und Plural

- Adjektive auf -o bilden die weibliche Form auf -a:

männlich	un museo hermos**o**	ein schönes Museum
weiblich	una niña hermos**a**	ein hübsches Mädchen

- Männliche Adjektive auf -or, -án, -ín, -ón fügen für die weibliche Form ein a hinzu:

männlich	trabajad**or**	fleißig
weiblich	trabajad**ora**	

- Nationalitätsadjektive: weibliche Form auf -a
(unverändert bleiben Adjektive mit den Endungen -i, -e):

männlich	español	spanisch
weiblich	español**a**	

- Alle anderen Adjektive haben für beide Geschlechter nur eine Form:

el restaurante / la casa grande	das große Restaurant, das große Haus

- Der Plural wird beim Adjektiv wie beim Substantiv gebildet:

Plural	las frut**as** bonit**as**	die schönen Früchte
	los zapat**os** blanc**os**	die weißen Schuhe
	los niñ**os** aleman**es**	die deutschen Jungen

§5.2 Übereinstimmung von Substantiv und Adjektiv (Hauptwort und Eigenschaftswort)

Das Adjektiv richtet sich immer in Geschlecht und Zahl nach dem Nomen:

	männlich	weiblich
Singular	el niño **bueno** der gute Junge	la niña **buena** das gute Mädchen
Plural	los niños **buenos** die guten Jungen	las niñas **buenas** die guten Mädchen

§5.3 Regelmäßige Steigerung von Adjektiv und Adverb

caro teuer	**más caro** teurer	**el más caro / carísimo** am teuersten / sehr teuer

El avión es **más caro** que el tren.	Das Flugzeug ist teurer als der Zug.
Estos libros son **carísimos / los más caros**.	Diese Bücher sind sehr teuer / am teuersten.

- tan ... como (so ... wie); tanto como
(so viel wie)
tanto / tanta / tantos / tantas ... como (so viel / viele ... wie):

tan vor Adverb oder Adjektiv	Escribe **tan** bien **como** tú.	Sie schreibt so gut wie du.
	Es **tan** alta **como** Juan.	Sie ist so groß wie Juan.
tanto als Adverb	Gana **tanto como** él.	Sie verdient soviel wie er.
tanto, tanta, tantos, tantas als Adjektive	**tantos** amigos y **tanta** confianza **como** Julia	so viele Freunde und so viel Vertrauen wie Julia.
	no **tanto** vino	nicht so viel Wein

• más … que, menos … que (mehr … als, weniger … als)

aber: **más de** (vor Sätzen, Zeitangaben, Zahlen: mehr als)	Luis trabaja **más que** tú. Gana **más de** 50.000 pesetas.	Luis arbeitet mehr als du. Er verdient mehr als 50 000 Peseten.
no más que (nur):	No hay más que dos bebidas.	Es gibt nur zwei Getränke.

§5.4 Unregelmäßige Steigerung

• Adverbien: bien, mejor, muy bien; mal, peor, muy mal:

Me siento **mejor /** muy mal. Ich fühle mich besser / sehr schlecht.

• Adjektive: bueno, malo, grande, pequeño.

bueno	**mejor** / más bueno	buenísimo / **óptimo**	el **mejor**
malo	**peor** / más malo	malísimo / **pésimo**	el **peor**
grande	**mayor** / más grande	grandísimo / **máximo**	el **mayor**
pequeño	**menor /** más pequeño	pequeñísimo / **mínimo**	el **menor**

§6 Verb: Präsens und Partizip Perfekt (Zeitwort: Gegenwart und Mittelwort der Vergangenheit)

§6.1 ser – estar; haber – tener

Präsens	**ser**	**estar**	sein	**haber**	**tener**	haben
yo	soy	estoy	ich bin	he	tengo	ich habe
tú	eres	estás	du bist	has	tienes	du hast
él, ella, usted	es	está	er, sie ist, Sie sind	ha	tiene	er, sie hat Sie haben
nosotros, -as	somos	estamos	wir sind	hemos	tenemos	wir haben
vosotros, -as	sois	estáis	ihr seid	habéis	tenéis	ihr habt
ellos, ellas, ustedes	son	están	sie sind, Sie sind	han	tienen	sie haben Sie haben
Partitip Perfekt	sido	estado	gewesen	(habido)	tenido	gehabt

- (Zum Gebrauch von ser und estar s. § 14)
- Haber wird nur für die zusammengesetzten Zeiten gebraucht:

Hemos comido bien.	Wir haben gut gegessen.

- Tener (besitzen): ¿**Tienes** dinero? Hast du Geld?
- Das Personalpronomen (persönliches Fürwort) wird nur gebraucht, wenn es betont werden soll, denn die Endungen bezeichnen in der Regel die Person.
- Als Höflichkeitsform verwendet man die 3. Person Einzahl, wenn man eine Person anredet, und die 3. Person Mehrzahl, wenn man mit mehreren Personen spricht:

¿Qué tal **está** usted, señor Pérez?	Wie geht's Ihnen, Herr Pérez?
¿**Tienen** ustedes todavía tiempo?	Haben Sie noch Zeit?

§6.2 Regelmäßige Verben

Es gibt im Spanischen drei Verbgruppen oder Konjugationen je nach der Infinitivendung:

	-ar		**-er**		**-ir**	
	hablar	sprechen	comprender	verstehen	recibir	bekommen
yo	habl**o**	ich spreche	comprend**o**	ich verstehe	recib**o**	ich bekomme
tú	habl**as**	du sprichst	comprend**es**	du verstehst	recib**es**	du bekommst
él, ella, usted	habl**a**	er, sie spricht Sie sprechen	comprend**e**	er, sie versteht Sie verstehen	recib**e**	er, sie bekommt Sie bekommen
nosotros, -as	habl**amos**	wir sprechen	comprend**emos**	wir verstehen	recib**imos**	wir bekommen
vosotros, -as	habl**áis**	ihr sprecht	comprend**éis**	ihr versteht	recib**ís**	ihr bekommt
ellos, ellas, ustedes	habl**an**	sie sprechen Sie sprechen	comprend**en**	sie verstehen Sie verstehen	recib**en**	sie bekommen Sie bekommen
Partizip Perfekt	habl**ado**	gesprochen	comprend**ido**	verstanden	recib**ido**	bekommen

§6.3 Verben mit Diphthong (Doppellaut)

Bei einigen Verben wird e zu ie und o zu ue in den stammbetonten Formen:

empezar anfangen	**volver** zurückkommen
emp**ie**zo	v**ue**lvo
emp**ie**zas	v**ue**lves
emp**ie**za	v**ue**lve
empezamos	volvemos
empezáis	volvéis
emp**ie**zan	v**ue**lven

Andere Verben dieser Gruppe:

entender	verstehen	contar	zählen, erzählen
pensar	denken	perder	verlieren
despertarse	aufwachen	querer	wollen, lieben
poder	können, dürfen	preferir	vorziehen
encontrar	finden	sentir	fühlen, bedauern
costar	kosten		

§7 Imperfekt – Historische Vergangenheit – Perfekt
(Vergangenheit – „Indefinido" – Vollendete Vergangenheit)

§7.1 Bildung

	habl**ar**	comprend**er**	recib**ir**
Imperfekt	habl**aba**	comprend**ía**	recib**ía**
	habl**abas**	comprend**ías**	recib**ías**
	habl**aba**	comprend**ía**	recib**ía**
	habl**ábamos**	comprend**íamos**	recib**íamos**
	habl**abais**	comprend**íais**	recib**íais**
	habl**aban**	comprend**ían**	recib**ían**
Indefinido	habl**é**	comprend**í**	recib**í**
	habl**aste**	comprend**iste**	recib**iste**
	habl**ó**	comprend**ió**	recib**ió**
	habl**amos**	comprend**imos**	recib**imos**
	habl**asteis**	comprend**isteis**	recib**isteis**
	habl**aron**	comprend**ieron**	recib**ieron**
Perfekt	he hablado	he comprendido	he recibido

§7.2 Gebrauch Imperfekt / Indefinido

- Das Imperfekt wird hauptsächlich zur Beschreibung eines Zustandes verwendet; außerdem für wiederholte und zeitlich nicht deutlich begrenzte Vorgänge oder Handlungen in der Vergangenheit.
- Das Indefinido wird für in der Vergangenheit abgeschlossene Handlungen benutzt, die zu einem bestimmten Zeitpunkt oder in einer bestimmten Zeitspanne erfolgt sind:

Imperfekt	Indefinido
Cuando **íbamos** para el trabajo Als wir unterwegs zur Arbeit waren,	**occurió** el accidente. ereignete sich der Unfall.
Quería ser profesor Er wollte Lehrer werden,	pero no **terminó** los estudios. beendete aber das Studium nicht.
Estaba comiendo, Ich war dabei zu essen,	cuando me **llamó** Pedro y me **contó** del accidente. als Pedro mich anrief und mir von dem Unfall erzählte.

§7.3 Gebrauch Perfekt / Indefinido

- Perfekt (immer mit haber als Hilfsverb) wird für vergangene, abgeschlossene Handlungen gebraucht, wenn sie in Verbindung **mit der Gegenwart** stehen;
- Die historische Vergangenheit („indefinido") dagegen wird für solche Handlungen gebraucht, die in Verbindung **mit der Vergangenheit** stehen:

Perfekt	Indefinido
He trabajado todo el día. Ich habe den ganzen Tag gearbeitet.	Ayer **vi** a Juan en el teatro. Gestern habe ich Juan im Theater gesehen.
¿Ya **ha venido** Anita? Ist Anita schon gekommen?	El sábado pasado **hablamos** hasta las 12. Vorigen Samstag haben wir bis 12 Uhr geredet.

§8 Futur (Zukunft)

Verben auf **-ar**	Verben auf **-er**	Verben auf **-ir**
hablar**é**	leer**é**	escribir**é**
hablar**ás**	leer**ás**	escribir**ás**
hablar**á**	leer**á**	escribir**á**
hablar**emos**	leer**emos**	escribir**emos**
hablar**éis**	leer**éis**	escribir**éis**
hablar**án**	leer**án**	escribir**án**

Anstatt der Futurformen gebraucht man sehr oft für die nahe Zukunft das Präsens von ir + a + *Infinitiv:*

Voy a hablar con Pedro.	Ich werde / will mit Pedro sprechen.
¿**Vas a leer** pronto el libro?	Wirst Du das Buch bald lesen?
Vamos a escribir a Pilar.	Wir werden Pilar schreiben.

§9 Konditional (Bedingungsform)

Verben auf **-ar**	Verben auf **-er**	Verben auf **-ir**
hablar**ía**	leer**ía**	escribir**ía**
hablar**ías**	leer**ías**	escribir**ía**
hablar**ía**	leer**ía**	escribir**ía**
hablar**íamos**	leer**íamos**	escribir**íamos**
hablar**íais**	leer**íais**	escribir**íais**
hablar**ían**	leer**ían**	escribir**ían**

Das Konditional wird oft in höflichen Wendungen gebraucht:

¿**Podría** usted ayudarme?	Könnten Sie mir helfen?
Querría pedirle algo.	Ich möchte Sie um etwas bitten.
Si lo tuviera, te lo **daría.**	Ich würde es dir geben, wenn ich es hätte.

§10 Subjuntivo (= Konjunktiv) (Möglichkeitsform)

§10.1 Regelmäßige Bildung

Der Konjunktiv Präsens wird gebildet mit dem Stamm der 1. Person Singular des Indikativ Präsens und folgenden Endungen:

Verben auf **-ar**	Verben auf **-er**	Verben auf **-ir**
comprar	**beber**	**escribir**
compr**e**	beb**a**	escrib**a**
compr**es**	beb**as**	escrib**as**
compr**e**	beb**a**	escrib**a**
compr**emos**	beb**amos**	escrib**amos**
compr**éis**	beb**áis**	escrib**áis**
compr**en**	beb**an**	escrib**an**

§10.2 Verben mit Diphtong

Die Verben mit Diphtong ie und ue behalten entsprechend dem Indikativ Präsens in den unbetonten Stammformen der 1. und 2. Person Plural den Stammvokal, z.B.

poder (können)	**empezar** (beginnen)
pueda	empiece
puedas	empieces
pueda	empiece
pod**amos**	empec**emos**
pod**áis**	empec**éis**
puedan	empiecen

§10.3 Ausnahmen

pedir (bitten)	**hacer** (machen)	**poner** (stellen)	**decir** (sagen)	**oír** (hören)
p**i**da	haga	ponga	diga	oiga
p**i**das usw.	hagas usw.	pongas usw.	digas usw.	oigas usw.
tener (haben)	**venir** (kommen)			
tenga	venga			
tengas usw.	vengas usw.			

§10.4 Gebrauch des Subjuntivo

Der Konjunktiv steht

- nach Verben, die eine Willensäußerung ausdrücken, z.B. querer (wollen), pedir (bitten), desear (wünschen), z.B.

No quiero que **leas** este libro.	Ich will nicht, dass du dieses Buch liest.

- nach Verben der Unsicherheit und des Zweifels, z.B. creer (glauben) und pensar (denken) verneint, z.B.

No creo que lo **comprenda.**	Ich glaube nicht, dass er es versteht.
No pienso que **venga** hoy.	Ich denke nicht, dass er heute kommt.

- nach unpersönlichen Ausdrücken, z.B.

Es possible que ...	es ist möglich
Es importante que ...	es ist wichtig
Es necesario que ...	es ist nötig

§11 Imperativ (Befehlsform)

§11.1 Bejahte Formen

	Verben auf **-ar**		Verben auf **-er**		Verben auf **-ir**	
du	habl**a**	sprich!	com**e**	iss!	escrib**e**	schreib!
ihr	habl**ad**	sprecht!	com**ed**	esst!	escrib**id**	schreibt!
Sie (Sing)	habl**e**	sprechen Sie!	com**a**	essen Sie!	escrib**a**	schreiben Sie!
Sie (Pl.)	habl**en**	sprechen Sie!	com**an**	essen Sie!	escrib**an**	schreiben Sie!

- Anstatt habl**ad,** com**ed,** escrib**id** wird in der Umgangssprache häufig die (nicht korrekte) Infinitivform gebraucht:

Cerrar la puerta, por favor. — Macht bitte die Tür zu.

- In Lateinamerika wird in der Regel statt „vosotros" die „ustedes"-Form benutzt:

No **hablen** tan alto, ninõs. — Sprecht nicht so laut, Kinder.

§11.2 Verneinte Formen

du	no habl**es**	no com**as**	no escrib**as**
ihr	no habl**éis**	no com**áis**	no escrib**áis**
Sie (Sing.)	no habl**e** (usted)	no com**a**	no escrib**a**
Sie (Pl.)	no habl**en** (ustedes)	no com**an**	no escrib**an**

§12 Gerundium (Verlaufsform)

pedir	comer	escribir	leer	oír	sentir
pid**iendo**	com**iendo**	escrib**iendo**	le**yendo**	o**yendo**	sint**iendo**

Siempre **está leyendo**.	Sie liest immer.
¿Todavía **estás comiendo**?	Isst Du immer noch?
Estando en la tienda, vi a Maria.	Als ich im Geschäft war, sah ich Maria.
Leyendo se aprende mucho.	Wenn man liest, lernt man viel.

Gerundium + estar, ir wird für Handlungen verwendet, die gerade vor sich gehen, hat sonst die Bedeutung von Nebensätzen mit „indem", „weil", „während", „wenn", „da", „als" ...

§13 Konjugationshilfe / unregelmäßige Verben

Nachstehend finden Sie eine Übersicht über die Konjugation der Hilfsverben und der abweichenden und unregelmäßigen Verben. Es sind jeweils nur die unregelmäßigen Formen angegeben. Abrir ist z. B. regelmäßig; nur das Partizip Perfekt ist unregelmäßig: abierto.

§13.1 Die Hilfsverben

estar sein, sich befinden — **estado** – gewesen

Präsens	estoy, estás, está, estamos, estáis, están
Imperfekt	estaba, estabas, estaba, estábamos, estabais, estaban
Indefinido	estuve, estuviste, estuvo, estuvimos, estuvísteis, estuvieron
Futur	estaré, estarás, estará, estaremos, estaréis, estarán
Konditional	estaría, estarías, estaría, estaríamos, estaríais, estarían
Konjunktiv Präs.	esté, estés, esté, estemos, estéis, estén
Imperativ	-, está, esté, estemos, estad, estén
Gerundium	estando

ser sein — **sido** – gewesen

Präsens	soy, eres, es, somos, sois, son
Imperfekt	era, eras, era, éramos, erais, eran
Indefinido	fui, fuiste, fue, fuimos, fuisteis, fueron
Futur	seré, serás, será, seremos, seráis, serán
Konditional	sería, serías, sería, seríamos, seríais, serían
Konjunktiv Präs.	sea, seas, sea, seamos, seáis, sean
Imperativ	-, sé, sea, seamos, sed, sean
Gerundium	siendo

haber haben (nur als Hilfsverb) — **habido** – gehabt

Präsens	he, has, ha, hemos, habéis, han
Imperfekt	había, habías, había, habíamos, habíais, habían
Indefinido	hube, hubiste, hubo, hubimos, hubisteis, hubieron
Futur	habré, habrás, habrá, habremos, habréis, habrán
Konditional	habría, habrías, habría, habríamos, habríais, habrían
Konjunktiv Präs.	haya, hayas, haya, hayamos, hayáis, hayan
Imperativ	-, he , haya , hayamos, habed, hayan
Gerundium	habiendo

§13.2 Abweichende und unregelmäßige Verben

- **abrir** öffnen — **abierto** – geöffnet

- **acercarse** sich nähern — vgl. **secar**

- **atraer** anziehen — vgl. **traer**

- **coger** nehmen, einbiegen

g wird zu j vor a und o in der 1. Person Singular des *Präsens*: cojo und im *Konjunktiv Präsens*: coja, cojas, usw.

- **comenzar** beginnen — vgl. **pensar**

z wird zu c vor e in der 1. Person Singular des *Indefinido*: comencé und im *Konjunktiv Präsens*: comience, comiences, usw.

- **conocer** kennen, kennen lernen

Präsens	conozco, conoces, conoce, conocemos, conocéis, conocen
Konjunktiv Präs.	conozca, conozcas, conozca, conozcamos, conozcáis, conozcan

- **contar** erzählen

Präsens	cuento, cuentas, cuenta, contamos, contáis, cuentan
Konjunktiv Präs.	cuente, cuentes, cuente, contemos, contéis, cuenten

- **costar** kosten — vgl. **contar**

- **cotizar** Beiträge zahlen

z wird zu c vor e in der 1. Person Singular des *Indefinido*: coticé und im *Konjunktiv Präsens*: cotice, cotices, usw.

- **creer** glauben — **creído** geglaubt

Indefinido	creí, creíste, creyó, creímos, creísteis, creyeron
Gerundio	creyendo

- **dar** geben

Präsens	doy, das, da, damos, dais, dan
Indefinido	di, diste, dio, dimos, disteis, dieron
Konjunktiv Präs.	dé, des, dé, demos, deis, den
Imperativ	-, da, dé, demos, dad, den

• decir sagen — **dicho** gesagt

Präsens	digo, dices, dice, decimos, decís, dicen
Indefinido	dije, dijiste, dijo, dijimos, dijisteis, dijeron
Futur	diré, dirás, dirá, diremos, diréis, dirán
Imperativ	-, di, diga, digamos, decid, digan
Gerundium	diciendo

• descubrir entdecken — **descubierto** entdeckt

• despertarse aufwachen — vgl. **pensar**

• divertirse sich amüsieren — vgl. **sentir**

• empezar beginnen — vgl. **comenzar**

• encontrar finden — vgl. **contar**

• entender verstehen

Präsens	entiendo, entiendes, entiende, entendemos, entendéis, entienden
Konjunktiv Präs.	entienda, entiendas, entienda, entendamos, entendáis, entiendan

• escribir schreiben — **escrito** geschrieben

• hacer machen — **hecho** gemacht

Präsens	hago, haces, hace, hacemos, hacéis, hacen
Indefinido	hice, hiciste, hizo, hicimos, hicisteis, hicieron
Futur	haré, harás, hará, haremos, haréis, harán
Imperativ	-, haz, haga, hagamos, haced, hagan

• ir gehen, reisen, fahren

Präsens	voy, vas, va, vamos, vais, van
Indefinido	fui, fuiste, fue, fuimos, fuisteis, fueron
Imperfekt	iba, ibas, iba, íbamos, ibais, iban
Konjunktiv Präs.	vaya, vayas, vaya, vayamos, vayáis, vayan
Imperativ	-, ve, vaya, vamos, id, vayan
Gerundium	yendo

• jugar spielen

Präsens	juego, juegas, juega, jugamos, jugáis, juegan
Konjunktiv Präs.	juegue, juegues, juegue, juguemos, juguéis, jueguen

• leer lesen — vgl. **creer**

• llegar ankommen; schließlich etwas tun

g wird zu gu vor e in der 1. Person Singular des *Indefinido*: llegué und im *Konjunktiv Präsens*: llegue, llegues, usw.

• llover regnen — vgl. **morder**

• medir messen — vgl. **pedir**

• morder beißen

Präsens	muerdo, muerdes, muerde, mordemos, mordéis, muerden
Konjunktiv Präs.	muerda, muerdas, muerda, mordamos, mordáis, muerdan

• oír hören — **oído** gehört

Präsens	oigo, oyes, oye, oímos, oís, oyen
Konjunktiv Präs.	oí, oíste, oyó, oímos, oísteis, oyeron
Gerundium	oyendo

• pagar bezahlen — vgl. **llegar**

• parecer (er-)scheinen — vgl. **conocer**

• pedir bitten, bestellen

Präsens	pido, pides, pide, pedimos, pedis, piden
Indefinido	pedí, pediste, pidió, pedimos, pedisteis, pidieron
Konjunktiv Präs.	pida, pidas, pida, pidamos, pidáis, pidan
Gerundium	pidiendo

• pensar denken

Präsens	pienso, piensas, piensa, pensamos, pensáis, piensan
Konjunktiv Präs.	piense, pienses, piense, pensemos, penséis, piensen

• perder verlieren — vgl. **entender**

• poder können

Präsens	puedo, puedes, puede, podemos, podéis, pueden
Indefinido	pude, pudiste, pudo, pudimos, pudistéis, pudieron
Futur	podré, podrás, podrá, podremos, podréis, podrán

• poner setzen, stellen, einschalten — **puesto** gesetzt, gestellt

Präsens	pongo, pones, pone, ponemos, ponéis, ponen
Indefinido	puse, pusiste, puso, pusimos, pusisteis, pusieron
Futur	pondré, pondrás, pondrá, pondremos, pondréis, pondrán
Imperativ	-, pon, ponga, pongamos, poned, pongan

• preferir bevorzugen, lieber wollen — vgl. **sentir**

• probar anprobieren, versuchen — vgl. **contar**

• proponer vorschlagen — vgl. **poner**

• querer wollen, lieben

Präsens	quiero, quieres, quiere, queremos, queréis, quieren
Indefinido	quise, quisiste, quiso, quisimos, quisisteis, quisieron
Futur	querré, querrás, querrá, querremos, querréis, querrán

• recomendar empfehlen — vgl. **pensar**

• recordar sich erinnern — vgl. **contar**

• repetir wiederholen — vgl. **pedir**

• saber wissen

Präsens	sé, sabes, sabe, sabemos, sabéis, saben
Indefinido	supe, supiste, supo, supimos, supisteis, supieron
Futur	sabré, sabrás, sabrá, sabremos, sabréis, sabrán
Konjunktiv Präs.	sepa, sepas, sepa, sepamos, sepáis, sepan

• salir (aus-)gehen

Präsens	salgo, sales, sale, salimos, salís, salen
Futur	saldré, saldrás, saldrá, saldremos, saldréis, saldrán
Imperativ	-, sal, salga, salgamos, salid, salgan

• secar trocknen, fönen

c wird zu qu vor e in der 1. Person Singular des *Indefinido :* sequé und im *Konjunktiv Präsens.*: seque, seques, usw.

• sentir empfinden, bedauern

Präsens	siento, sientes, siente, sentimos, sentís, sienten
Indefinido	sentí, sentiste, sintió, sentimos, sentisteis, sintieron
Konjunktiv Präs.	sienta, sientas, sienta, sintamos, sintáis, sientan
Gerundium	sintiendo

• servir bedienen — vgl. **pedir**

• soñar träumen — vgl. **contar**

• tener haben — **tenido** gehabt

Präsens	tengo, tienes, tiene, tenemos, tenéis, tienen
Indefinido	tuve, tuviste, tuvo, tuvimos, tuvisteis, tuvieron
Futur	tendré, tendrás, tendrá, tendremos, tendréis, tendrán
Konditional	tendría, tendrías, tendría, tendríamos, tendríais, tendrían
Konjunktiv Präs.	tenga, tengas, tenga, tengamos, tengáis, tengan
Imperativ	-, ten, tenga, tengamos, tened, tengan
Gerundium	teniendo

• traer bringen — **traído** gebracht

Präsens	traigo, traes, trae, traemos, traéis, traen
Indefinido	traje, trajiste, trajo, trajimos, trajisteis, trajeron
Gerundium	trayendo

• vengar rächen — vgl. **llegar**

• venir kommen

Präsens	vengo, vienes, viene, venimos, venís, vienen
Indefinido	vine, viniste, vino, vinimos, vinisteis, vinieron
Futur	vendré, vendrás, vendrá, vendremos, vendréis, vendrán
Imperativo	-, ven, venga, vengamos, venid, vengan
Gerundium	viniendo

• ver sehen — **visto** gesehen

Präsens	veo, ves, ve, vemos, veis, ven
Indefinido	vi, viste, vio, vimos, visteis, vieron
Imperfect	veía, veías, veía, veíamos, veíais, veían
Gerundium	viendo

• volver zurückkommen — **vuelto** zurückgekommen

Präsens	vuelvo, vuelves, vuelve, volvemos, volvéis, vuelven

§14 Ser und Estar (sein)

- Ser = wesentliche, dauerhafte, charakteristische Eigenschaften;
  Ser wird vor Substantiven gebraucht;
  Ser wird verwendet für die Angabe von: Uhrzeit, Tag, Beruf, Verwandtschaft, Staatsangehörigkeit, Religion:

Juan **es inteligente**.	Juan ist intelligent.
Es la una.	Es ist 1 Uhr.
Mañana **es domingo**, ¡qué bien!	Morgen ist Sonntag, wie schön.
Carmen **es profesora.**	Carmen ist Lehrerin.
¿Tú **eres español** o argentino?	Bist du Spanier oder Argentinier?

- Estar = irgendwo „sein", „liegen", „stehen";
  Estar = sich befinden, sich fühlen;
  Estar vor Adjektiv oder Partizip: vorübergehende Eigenschaft, Zustand, stattgefundene Veränderungen:

Fernando **está en Berlin.**	Fernando ist in Berlin.
Segovia está en España.	Segovia liegt in Spanien.
Marisa **está** hoy **mejor**.	Marisa geht es heute besser.
¿Por qué **está** Luisa **triste**?	Warum ist Luisa traurig?
La sopa **está** muy **buena**.	Die Suppe ist sehr gut.

- Bedeutungsvergleich von *ser* und *estar*

ser = an sich sein, so sein	**estar** = vorübergehend sein, so aussehen
Luis **es un hombre simpático**. Luis ist ein netter Mensch.	Maria **está simpática**. Maria ist (heute) nett.
Luis **es frío**. Luis ist gefühllos.	María **está** muy **fría**. Maria ist (heute) sehr gefühllos.
María **es guapa**. María ist hübsch.	María **está guapa**. Maria sieht (heute) hübsch aus.

§15 Hay („Es gibt")

- Hay wird nicht konjugiert.
  Hay steht beim Substantiv mit unbestimmtem Artikel oder ohne Artikel.
  Hay steht auch vor Zahlen und vor unbestimmten Pronomen.
- Hay que + Infinitiv = man muss
- Hay wird in allen Zeiten verwendet:

hay	es gibt	habrá	es wird ... geben
había	es gab	habría	es gäbe
hubo	es gab	ha habido	es hat ... gegeben

¿Qué **hay** hoy para comer?	Was gibt es heute zu essen?
El lunes **hubo** una huelga.	Am Montag gab es einen Streik.
Habrá muchos problemas.	Es wird viele Probleme geben.
Hay que comprar fruta.	Man muss Obst kaufen.

- Einige häufige Wendungen mit hay:

No hay de qué.	Keine Ursache.
¿Qué hay?	Was ist (los)? Was gibt es Neues?
Aqui hay de todo.	Hier gibt es für jeden etwas.
Sobre gustos no hay nada escrito.	Über Geschmack lässt sich streiten.

Bedeutungsvergleich von *hay* und *estar*

estar (sich befinden, liegen)
- Ortsangaben, z.B.
  La señora Rochas está en el museo. Frau Rochas ist (gerade) im Museum.
- Ausdruck des gesundheitlichen Befindens, z.B. ¿Como estás? Wie geht's?
- bei Substantiven mit bestimmtem Artikel
- bei Eigennamen, z.B. ¿Está Miguel? Ist Miguel da?

hay (es gibt, da ist/sind, sich befinden)
- bei Substantiven mit unbestimmtem Artikel oder ohne Artikel,
  z.B. Hay un parque pequeño en la ciudad. Hier gibt es einen kleinen Park in der Stadt.
- vor Zahlen, z.B. Hay tres bicicletas. Es gibt 3 Fahrräder.
- vor Indefinitpronomen, z.B. Aquí no hay nadie. Hier ist niemand.

§16 Pronomen (Fürwort)

§16.1 Personalpronomen (Persönliches Fürwort)

Dativ		Akkusativ		Nach Präposition	
me	mir	**me**	mich	sobre **mí**	über mich / mir
te	dir	**te**	dich	sobre **ti**	über dich / dir
le	ihm	**le, lo**	ihn	sobre **él**	über ihn / ihm
	ihr	**la**	sie	sobre **ella**	über sie / ihr
	Ihnen	**le, lo**	Sie	sobre **usted**	über Sie / Ihnen
nos	uns	**nos**	uns	sobre **nosotros**	über uns
os	euch	**os**	euch	sobre **vosotros**	über euch

les	ihnen Ihnen	**les, los**	sie	sobre **ellos**	über sie / ihnen
		las	sie	sobre **ellas**	über sie / ihnen
		les, los, las	Sie	sobre **ustedes**	über Sie / Ihnen

- Die männliche Akkusativform le, les wird mehr in Spanien, lo, los dagegen mehr in Lateinamerika verwendet.
- Dativ- und Akkusativpronomen ohne Präposition stehen immer unmittelbar vor dem Verb (Dativ immer vor Akkusativ):

¿Quién **me** llama?	Wer ruft mich?
Siempre **me lo** dice.	Er sagt es mir immer.

- Dativ und Akkusativ des Personalpronomens nach der Präposition a gelten vor oder nach dem Verb als Betonung der Dativ- und Akkusativformen ohne Präposition:

Alberto **me** escribe **a mí**.	Alberto schreibt mir.
A ti te lo dice.	Dir sagt er es.
A él no **le** conozco.	Ihn kenne ich nicht.

- Nach der Präposition con haben die 1. und 2. Person Singular des Pronomens die Form conmigo bzw. contigo:

Ana viene hoy **conmigo**.	Ana kommt heute mit mir.
¿Puedo ir el domingo **contigo**?	Kann ich Sonntag mit Dir gehen?

- Nach den Präpositionen entre (zwischen), excepto, menos (außer) steht die Nominativform:

Todos **menos tú**.	Alle außer dir.
Entre ella y yo no hay problemas.	Zwischen ihr und mir gibt es keine Probleme.

- Steht ein Substantiv als direktes oder indirektes Objekt vor dem Verb, so muss auch noch das entsprechende Pronomen verwendet werden:

La bicicleta **la** lleva Pedro.	Das Fahrrad trägt Pedro.
El pan **lo** compras después.	Das Brot kaufst du später.
A Juan no **le** he dado dinero.	Juan habe ich kein Geld gegeben.

- Das Personalpronomen kann an den Infinitiv und an das Gerundium, muss an den bejahten Imperativ angehängt werden:

¿Quieres ver**lo**? ¿**Lo** quieres ver?	Möchtest du es sehen?
Está haciéndo**lo**. / **Lo** está haciendo.	Er macht es gerade.
¡Dám**elo**, por favor!	Gib es mir bitte!

- Ello wird meistens nur mit Präposition gebraucht:
  por ello deshalb, con ello damit, para ello dafür.

§16.2 Reflexivpronomen und reflexive Verben (Rückbezügliche Für- und Zeitwörter)

Infinitiv	llamarse		heißen (sich nennen)
yo	**me**	llamo	ich heiße
tú	**te**	llamas	du heißt
él, ella, usted	**se**	llama	er, sie heißt, Sie heißen
nosotros, -as	**nos**	llamamos	wir heißen
vosotros, -as	**os**	llamáis	ihr heißt
ellos, ellas, ustedes	**se**	llaman	sie heißen, Sie heißen

- Das Reflexivpronomen steht vor dem Hauptverb oder Hilfsverb und hinter der Verneinung;
- Es kann an den Infinitiv und an das Gerundium, muss an den bejahten Imperativ angehängt werden:

Pedro no **se** quiere lavar.	Pedro will sich nicht waschen.
¿**Se** ha levantado ya Luis?	Ist Luis schon aufgestanden?
¿No quieres lavar**te**? ¿No **te** quieres lavar?	Willst du dich nicht waschen?
Isabel está lavando**se**. Isabel **se** está lavando.	Isabel wäscht sich gerade.
Láva**te**!	Wasch dich!

§16.3 Possessivpronomen (Besitzanzeigende Fürwörter)

unbetonte Form		betonte Form	
mi trabajo	meine Arbeit	**mío, mía, míos, mías**	mein
tu amigo	dein Freund	**tuyo, tuya, -os, -as**	dein
su problema	sein / ihr Problem	**suyo, suyas, -os, -as**	ihr, sein, Ihr
nuestro padre	unser Vater	**nuestro, nuestra, -os, -as**	unser
vuestro tren	euer Zug	**vuestro, vuestra, -os, -as**	euer
su profesor	ihr Lehrer. Ihr Lehrer	**suyo, suya, -os, -as**	ihr, Ihr

- Die betonte Form des Possessivpronomens steht
  – nach einem Substantiv; – allein nach dem Verb ser;
  – allein nach dem bestimmten Artikel;

Tengo unas cartas **tuyas**.	Ich habe einige Briefe von dir.
Ese libro es **mío**.	Dieses Buch gehört mir.

§16.4 Relativpronomen (Bezügliche Fürwörter)

- Que, das häufigste Relativpronomen, ist unveränderlich.
- Vor que nach Präposition steht oft der bestimmte Artikel:

Tengo el libro **que** necesitas.	Ich habe das Buch, das du benötigst.

- Lo que = das, was:

Dice siempre **lo que** piensa.	Er sagt immer, was er denkt.

§16.5 Demonstrativpronomen (Hinweisende Fürwörter)

este	**ese**	**aquel**	libro	dieses Buch hier, das da, jenes dort
esta	**esa**	**aquella**	fruta	diese Frucht hier, die da, jene dort
estos	**esos**	**aquellos**	pescados	diese Fische hier, die da, jene dort
estas	**esas**	**aquellas**	blusas	diese Blusen hier, die da, jene dort
esto	**eso**	**aquello**		das hier, das da, das dort

- Este, esta, esto weisen auf alles hin, was im Bereich und in greifbarer Nähe des Sprechenden liegt;
- Ese, esa, eso weisen auf alles hin, was in der Nähe des Sprechenden liegt, aber nicht greifbar ist;
- Aquel, aquella, aquello weisen auf alles hin, was weder in der Nähe des Sprechenden noch des Angesprochenen liegt:

¿Te gusta **esta** camisa?	Gefällt dir dieses Hemd hier?
?**Esa** rojo?	Das rote?
¿Ves **aquel** museo?	Siehst du das Museum dort?

- Esto, eso, aquello (Neutrum) steht immer allein:

¿Qué es **eso**?	Was ist das?
¿**Esto**? Una piscina.	Das hier? Ein Schwimmbad.

§16.6 Fragepronomen und Fragewörter

quién wer?

¿**Quién** ha llamado?	Wer hat angerufen?
¿**A quién** esperas?	Auf wen wartest du?
¿**Por quién** ha preguntado?	Nach wem hat er gefragt?

qué was?

¿**Qué** has dicho?	Was hast du gesagt?
¿**De qué** se trata?	Worum geht es?
¿**Qué** hora es?	Wie viel Uhr ist es?

cuánto wie viel? / wie lange?

¿**Cuánto** dinero necesitas?	Wie viel Geld brauchst du?
¿**Cuántas** camisas tienes?	Wie viele Hemden hast du?
¿**Cuánto** dura la película?	Wie lange dauert der Film?

dónde wo?

¿**Dónde** estudias español?	Wo lernst du Spanisch?
¿**Dónde** está la parada?	Wo ist die Haltestelle?

adónde wohin?

¿**Adónde** quieren ir ustedes?	Wohin möchten Sie gehen?
¿**Adónde** vas tan pronto?	Wo gehst du so früh hin?

de dónde woher?

¿**De dónde** vienes?	Wo kommst du her?
¿**De dónde** es esa niña?	Wo kommt dieses Mädchen her?

cómo wie?

¿**Cómo** te llamas?	Wie heißt du?
¿**Cómo** está su señora?	Wie geht es Ihrer Frau?

por qué warum?

¿**Por qué** os vais ya?	Warum geht ihr schon?
No sé **por qué** está tan triste.	Ich weiß nicht, warum sie so traurig ist.

- Alle Fragepronomen und Fragewörter (und auch Ausrufewörter: ¡qué bonito! wie schön!) tragen einen Akzent.
- Was für ... = qué:

¿**Qué** noticias traes?	Was für Nachrichten bringst du?

§16.7 Indefinite Pronomen (Unbestimmte Fürwörter)

algo etwas

Mejor es **algo** que **nada**.	Besser ist etwas als nichts.

nada nichts

¿Por qué no dices **nada**?	Warum sagst du nichts?

nadie niemand

No, no ha llamado **nadie**.	Nein, niemand hat angerufen.

- Steht todo vor einem Substantiv, so muss meistens der bestimmte Artikel zwischen todo und dem Substantiv gebraucht werden. (Der Artikel kann entfallen, wenn es sich um eine Verallgemeinerung handelt: Todo momento es importante. Jeder Augenblick ist wichtig.)

todo alles, ganz

Aquí **todo** está malo.	Hier ist alles schlecht.
¿Has comido **todo el** pan?	Hast du das ganze Brot gegessen?

§17 Verneinung

- No (nein, nicht) steht immer vor dem Verb;
- Nada (nichts) steht meistens hinter dem Verb. Nadie, ninguno, nunca (niemand, keiner, niemals) stehen vor oder nach dem Verb.
- Stehen nada, nadie, ninguno, nunca hinter dem Verb, so muss no vor dem Verb stehen;
- No steht immer vor Akkusativ und Dativ des Personal- und Reflexivpronomens;
- Ninguno wird fast nur im Singular gebraucht.

Pablo **no** volverá hoy.	Pablo wird heute nicht zurückkommen.
Este niño **no** dice **nada**.	Dieser Junge sagt nichts.
Laura **no** volverá **nunca** más.	Laura wird nie wieder kommen.
Nunca más volverá Laura.	
Mi hija **no** me lo ha dado.	Meine Tochter hat es mir nicht gegeben.
¿**No** tienes **ninguna** foto de el?	Hast du keine Bilder von ihm?

Wortindex

Nachstehend finden Sie alle Wörter aus *dem Powerkurs für Anfänger.* Um Ihnen das Suchen zu erleichtern, sind sie nach dem *deutschen* Alphabet aufgelistet. Es ist jeweils immer die Lektion angegeben, in der das Wort zum ersten Mal erscheint. Die *kursiv* geschriebenen Zahlen gelten für die Wörter, die zum ersten Mal im Überlebenswortschatz erscheinen. Vier Beispiele:

abierto, -a ***5c*** Das Wort erscheint zum ersten Mal im Überlebenswortschatz **5c**.

aconsejar **9c** Das Wort erscheint zum ersten Mal im Dialog **9c**.

actor ***5b,*** **5c** Das Wort erscheint zum ersten Mal im Überlebenswortschatz **5b** und dann wieder im Dialog **5c**.

por **4a, 6a, 6b** Das Wort erscheint in den Dialogen **4a, 6a** und **6b** – jedes Mal mit einer anderen Bedeutung.

A

a – an (3a)
abierto, -a – offen (*5c*)
abogado – Anwalt/Anwältin (*4a*)
abril – April (8b)
abrir – öffnen (8b)
absolutamente – absolut (7b)
abuela – Großmutter (7c)
aburrirse – sich langweilen (7a)
acabar + de + *Inf* – ich habe soeben ... (5b)
accidente – Unfall (9a)
acercarse – sich nähern (9c)
acompañar – begleiten (7a)
aconsejar – empfehlen (9c)
actor – Schauspieler (*5b,* 5c)
actriz – Schauspielerin (5a)
actualmente – zur Zeit (5a)
Acuario – Wassermann (8c)
acueducto – Aquädukt (1c)
¡adelante! – los! (3b)
¡adiós! – Auf Wiedersehen! (*2c*)
adivinar – erraten (2b)
¿adónde? – wohin? (4b)
adorar – anbeten, bewundern (*10b*)
aeropuerto – Flughafen (*9b*)
afeitarse – sich rasieren (8a)
agosto – August (8b)
agotado, -a – ausverkauft (5b)
agradable – angenehm (8b)
agua mineral – Mineralwasser (*8a*)
ahora – jetzt (7a)
al – bei dem/der (3a)
alejar – entfernen (10b)
alemán, alemana – deutsch (*2b*)
Alemania – Deutschland (*1b*)
alergia – Allergie (*8c*)
algo – etwas (3b)
allí – dort (*1c,* 7b)
alrededor de – ungefähr (10a)
alto, -a – hoch, laut (10a)
alumno, -a – Schüler/in (*4a*)
ama de casa – Hausfrau (*4a*)
amar – lieben (10b)
americano, -a – amerikanisch (6b)
amigo, -a – Freund/in (5c)
amistad – Freundschaft (5c)
amor – Liebe (5c)
andaluz, -a – Andalusier/in (1b)
anécdota – Anekdote (7c)
anoche – gestern Abend (*7c,* 9a)
anónimo, -a – anonym (9a)
antes – vor (5b)
antiguo, -a – alt (8b)
antipático, -a – unsympathisch (*5c*)
año – Jahr (5a)
apasionante – spannend (8a)
aquel, aquella – jene/r (2c)
aquí – hier (1c)
arcada – Arkade (1c)
Aries – Widder (8b)
aristocracia – Aristokratie (6a)
arquitecto – (Architekt 1c)
artículo – Artikel (7c)
asado, -a – gebraten (9c)
asesino – Mörder (8a)
así – so (7c)
astronauta – Astronaut (7c)
atasco – Stau (10c)
atlético – *Fußballmannschaft* (6b)
atraer – anziehen (7a)
aumento – Erhöhung (6a)
auténtico, -a – authentisch (7c)

autobús – Bus (*9b*)
automovilista – Autofahrer/in (6a)
autor, autora – Autor/in (2b)
autostop – Trampen (6a)
ayer – gestern (*7c*)
ayudar – helfen (10c)
ayuntamiento – Rathaus (9b)
¡ánimo! – nur Mut! (8c)
árabe – arabisch (2c)
a veces – manchmal (5c)
avión – Flugzeug (4b)

B

bailar – tanzen (*8a*)
bajito, -a – klein (9c)
balcón – Balkon (*4b*)
baloncesto – Basketball (6b)
bañador – Badehose (*7b*)
baño – Bad (4b)
Barça – *Fußballmannschaft* (6b)
bar – Bar (*2a*)
beber – trinken (9c)
bebida – Getränk (*8a*)
bello, -a – schön (8a)
bici(cleta) – Fahrrad (4b)
bien – gut (1a)
blanco, -a – weiß (6b)
blusa – Bluse (*7b*)
bombero – Feuerwehrmann (6a)
bonito, -a – schön (*1c*, 5a)
bueno, -a – gut (1b)
¡buenas noches! – gute Nacht! (1a)
¡buenos días! – guten Tag! (4a)

C

cabaret – Kabarett (8a)
cabina – Kabine (*3a*)
café – Café (*9c*, 10c)
café con leche – Milchkaffee (*10c*)
café cortado – Kaffee mit wenig Milch (*9c*)
café solo – Espresso (*9c*)
calamares – (Tintenfisch *9c*)
cálido, -a – warm (8c)
calle – Straße (*1c*, 2a)
calor – Wärme (8b)
camarero, -a – Kellner/in (*4a*, 9c)
cambiar – ändern (7a)
cambio – gegen (6b)
camino – Weg (8c)
camisa – Hemd (*7b*)
camiseta – T-Shirt (*7b*)
campeón – Meisterschaft (6b)
caña – Bier vom Faß (9c)
cancer – Krebs (8c)
Canciller Federal – Bundeskanzler (*6a*)
canción – Lied (*2b*)
cansado, -a – müde (4b)
cansarse – müde werden (8a)
cantante – Sänger/in (2b)
capítulo – Kapitel (8a)
Capricornio – Steinbock (8c)
¡caramba! – Alle Achtung! (2c)
cara – Gesicht (8c)
carcomido, -a – zerfressen, gequält (9b)
cariño – Liebling (10b)
carne – Fleisch (*9c*)
carnet de identidad – Personalausweis (*9a*)
carretera – Straße (6b)
carta – Brief (3a)
casa – Haus (*2a*, 5a)
casado, -a – verheiratet (5a)
casarse – heiraten (5b)
catástrofe – Katastrophe (6b)
célebre – berühmt (2b)
celos – Eifersucht (10b)
centímetro – Zentimeter (7b)
cepillo de dientes – Zahnbürste (10c)
cerca de – in der Nähe von (1c)
cerrado, -a – verschlossen (*5c*)
cerveza – Bier (9c)
chuleta – Kotelett (*9c*)
ciclismo – Radrennsport (6b)
cielo – Liebling (*10b*)
cine – Kino (5a)
cínico, -a – zynisch (10a)
cita – Verabredung (9c)
ciudad – Stadt (1c)
claro – klar (1c)
clínica – Klinik (6a)
coger – nehmen, holen (8c, 9b)
cojear – hinken (9c)
comedia – Komödie (9c)
comentario – Kommentar (6b)
comentar – erläutern (8a)
comenzar – beginnen, anfangen (3b)
comer – essen (6a)
comida – Essen (4b)
como – wie (3b)
¿cómo? – wie? (1a)
compañero – Kollege (6b)
compañía – Gesellschaft (10c)
completamente – ganz und gar (5c)
comprar – kaufen (*7b*)
comprender – verstehen (10a)
comprendido – verstanden (1b)
comunidad – Gemeinschaft (1b)
con – mit (1a)
concluido, -a – abgeschlossen (10a)

concursante – Teilnehmer/in (2c)
concurso – Wettbewerb, Quiz (1a)
conducir – führen, fahren (9a)
confianza – Vertrauen (10b)
congelación – Einfrierung (6a)
conocer – kennen (2b, 8a)
conocido – bekannt (2c)
conserje – Hausmeister (9a)
conservador, -a – konservativ (*6a*)
contar – erzählen (3a)
contigo – mit dir (10c)
continuación – Fortsetzung (6b)
conversación – Gespräch (7a)
copa – Drink (*8a*)
corbata – Krawatte (9b)
correcto, -a – richtig (1c)
corredor – Radrennfahrer (6b)
corrida – Stierkampf (6b)
cortado – Kaffee mit wenig Milch (*9c*)
cortar – schneiden (*7a*)
corte de pelo – Haarschnitt (7a)
corto, -a – kurz (*7a*)
costa – Küste (4b)
costar – kosten (*7a*)
cotizar – Beiträge zahlen (6a)
creer – glauben (2a)
cuadro – Gemälde (2c)
cuando – als (7a)
¿cuándo? – wann? (9b)
¿cuánto? – wie lange? (*3a,* 5b)
cuarto de baño – Badezimmer (4b)
cuba libre – Cola mit Rum (*8a*)
cubano, -a – Kubaner/in (6b)
cuenta – Rechnung (*9c*)
cuerno – Horn (6b)
¡cuidado! – vorsicht! (2b)
culpa – Schuld (8b)
culpable – schuldig (10a)
curioso, -a – seltsam (6a)

D

dar – geben (3a)
dar hora – einen Termin geben (*7a*)
de – von, aus (1b)
de + *Inf* – um zu (2b)
de... a... – von ... bis (8b)
de acuerdo – einverstanden (5c)
deber – müssen (2b)
decidir – entscheiden (6a)
decir – sagen (6b)
dejar – lassen, hinterlassen (9a)
dejar de + *Inf* – aufhören (10b)
dejar en paz – in Ruhe lassen (10a)
del – von dem/der (2a)
delante – vor (*9b*)
demasiado – zu, zu viel (*7a,* 9a)
dentro de – innerhalb von (8a)
deporte – Sport (4a)
deprimido, -a – deprimiert (4b)
derecha – rechts (9b)
desayunar – frühstücken (*10c*)
desayuno – Frühstück (*4b*)
descubrir – entdecken (2b)
desde – seit (5b)
desear – wünschen (9c)
despacio – langsam (*10a*)
despertarse – aufwachen (10c)
después – danach (*7c,* 9b)
detestar – hassen (5c)
día – Tag (*1a,* 4a)
diarrea – Durchfall (*8c*)
diciembre – Dezember (*8b,* 8c)
diente – Zahn (10c)
difícil – schwierig (1b)
digas (¡no me ~!) – was du nicht sagst! (*2c*)
diga, dígame – Hallo (3a, 3b)
dinero – Geld (*6a*)
Dios – Gott (10c)
dirección – Richtung (3a)
director de cine – Regisseur (5a)
discoteca – Diskothek (*8a*)
diseñador, -a – Designer/in (7b)
diseño – Design (7b)
divertido, -a – lustig (*5b,* 5c)
divertirse – sich amüsieren (7a)
divorcio – Scheidung (5c)
doctor – Doktor (4a)
dolor – Schmerz (*8c*)
domingo – Sonntag (4a)
don, doña – Herr, Frau (2a)
¿dónde? – wo? (1a)
ducha – Dusche (*4b,* 10c)
duda – Zweifel (9b)
dudar – zweifeln (10b)

E

e – und (vor i/h) (8c)
efecto – (en ~) – in der Tat (2c)
el, la – der/die (1c)
él, ella – er/sie (1a)
elección – Wahl (*6a*)
ellos, ellas – sie (1a)
empezar – anfangen, beginnen (*5b,* 7c)
empleado, -a – Angestellte/r (*1b*)
en – in (1a, 2b)
enamorarse – sich verlieben (8a)
encantar – begeistern (7a)
encontrar – finden (5c)

enero – Januar (*8b,* 8c)
enfrente – gegenüber (*9b*)
enormemente – sehr, ungemein (7a)
ensalada – Salat (*9c*)
entender – verstehen (7b)
enterarse – (etw.) erfahren (8a)
entonces – also, dann (1c)
entrada – Eintritt (*5b, 8a*)
entrar – eintreten (7b)
entre – zwischen (8a)
entretenido, -a – unterhaltsam (10c)
entrevista – Interview (5c)
episodio – Episode, Folge (10a)
época – Epoche (1c)
Escorpio – Skorpion (8c)
escribir – schreiben (6b)
escritor, -a – Autor/in (7c)
escuchar – zuhören (*2b,* 7a)
ese, esa – dieser, diese (2c)
eso – dies (2b)
España – Spanien (*1b,* 6b)
español, -a – spanisch (*2b,* 6b)
especial – besondere/r (4a)
esperar – hoffen (8b, 9a)
esposo, -a – Mann, Frau (*5a*)
estación – Bahnhof, Station (*9b*)
estar – sein (1a)
este, esta – diese/r (*2a,* 2c)
estado – Zustand (6b)
estancia – Aufenthalt (4b)
estar para parar un tren – klasse aussehen (*10b*)
estar puesto – an Ort und Stelle sein (10c)
este – diese/r (*1b*)
estimado, -a – verehrte/r (4a)
estimulante – anregend (10c)
estreno – Premiere (5b)
estudiante – Student/in (1b)
estudiar – studieren (1b)
eurocheque – Eurocheque (*7b*)
evidentemente – natürlich (2b)
excelente – ausgezeichnet (4b)
excepcional – außergewöhnlich (6b)
exceso – Übertreibung (8c)
excitante – aufregend (4b)
existir – existieren (5c)
éxito – Erfolg (5b)
experiencia – Erfahrung (7b)
extraordinario, -a – außergewöhnlich (6a)

F

fácil – leicht (2b)
factura – Rechnung (8b)
fama (de mala ~) – verrufen (8a)
familia – Familie (1c, 5a)
famoso, -a – berühmt (2b)
farmacia – Apotheke (9b)
fascinar – faszinieren (7a)
fase – Phase, Runde (2a)
fatal – mies (*1a*)
favor – Gefallen (10b)
febrero – Februar (*8b,* 8c)
feliz – glücklich (6b)
femenino, -a – weiblich (7a)
fidelidad – Treue (5c)
fiebre – Fieber (*8c*)
fin – Ende, Schluß (6b)
fin de semana – Wochenende (6b)
final – End- (2a, 5b)
flan – Karamellpudding (*9c*)
flash informativo – Kurznachrichten (6a)
fontanero – Klempner (7c)
francés, francesa – französiche/r (2b, 6b)
frente – gegenüber (4b)
frío – kalt (*8b,* 8c)
fruta – Frucht (*9c*)
fuego – Feuer (6a)
función – Vorstellung (5b)
futbol – Fußball (*6b*)
futuro – Zukunft (5b)

G

gambas – Krabben (*9c*)
ganar – gewinnen (6a, 6b)
garaje – Garage (*9a*)
garganta – Hals (*8c*)
gas – Kohlensäure (*9c*)
Gaudí – *katalanischer Architekt* (1c)
Géminis – Zwilling (8b)
gente – Leute (3b)
girar – abbiegen (9b)
gobierno – Regierung (6a)
gol – Tor (6b)
gracias – danke (1a)
grande – groß (*1c,* 7b)
gripe – Grippe (*8c*)
guapo, -a – hübsch (*5c*)
gustar – gefallen (5c)
gusto – **(a ~)** – wohl (*8b*)

H

haber – haben (6a)
habitación – Zimmer (4b)
hablar – sprechen (3b)
hacer – machen (3b)
hacer + *Inf* – (jmd.) etw. tun lassen (10a)
hacer + tiempo – es ist ... Wetter (*8b*)
  hace buen tiempo – es ist schönes Wetter (*8b*)

hace calor – es ist heiß (*8b*)
hace frío – es ist kalt (*8b*)
hace sol – es scheint die Sonne (*8b*)
hace viento – es ist windig (*8b*)
hambre – Hunger (9c)
hasta – bis (2c)
hay – es gibt (*1c,* 2c)
hay nieve – es liegt Schnee (*8b*)
hay que – man muss (9b)
helado – Eis (*9c*)
hermano, -a – Bruder/Schwester (*5a,* 7a, 8a)
hermoso, -a – schön (8a)
hijo, -a, -os – Sohn/Tochter/Kinder (5a)
hogar – Heim, Haus (8b)
¡hola! – hallo!, Tag! (1a)
hombre – Mann (10b)
hora – Stunde (*5b, 7b*)
horno – Ofen (9c)
horóscopo – Horoskop (8a)
hospital – Krankenhaus (*9b*)
hotel – Hotel (*2a,* 4b)
hoy – heute (2a)
humedo, -a – feucht (8b)

I

idea – Idee (*2c,* 6a)
identidad – Identität (8a)
iglesia – Kirche (1c)
ilusión – Illusion (7b)
imaginarse – sich vorstellen (7b)
importante – wichtig (*3b,* 5c)
imprevisible – nicht vorhersehbar (8c)
incluido, -a – eingeschlossen (*8a*)
increíble – unglaublich (2c)
indicado, -a – geeignet (8c)
indispensable – unumgänglich (5c)
individuo – Individuum (10b)
industria – Industrie (*1c*)
inestable – unbeständig (8c)
infancia – Kindheit (7c)
infantil – kindisch (3b)
información – Information (9a)
inolvidable – unvergesslich (4b)
insistir – insistieren (7c)
insolación – Sonnenstich (8c)
inteligente – intelligent (*5c*)
interesante – interessant (*1c,* 5a)
interesar – interessieren (*6a*)
inundación – Überschwemmung (8b)
inventar – erfinden (10b)
invierno – Winter (8c)
ir – gehen (4b)
ir + a + *Inf* – werden (5b)
irse – weggehen (8b)
isla – Insel (8a)

J

jubilado, -a – Rentner/in (2a)
Juegos Olímpicos – Olympische Spiele (*6b*)
juego – Spiel (5c, 10a)
jueves – Donnerstag (4a)
jugar – spielen (*6b*)
julio – Juli (8b)
junio – Juni (8b)

L

la, las – die (1a, 5c)
lado – (al ~ de) – neben (9b)
lavar – waschen (*7a*)
le, les – der, die (5c)
leche – Milch (*10c*)
leer – lesen (*2b,* 9c)
lejos – weit (*1c*)
Leo – Löwe (8b)
Libra – Waage (8b)
libre – frei (*4b, 9c*)
libro – Buch (*2b,* 7c)
Liga – Liga (6b)
literatura – Literatur (7c)
llamada – Anruf (3a)
llamar – rufen, anrufen (*3a,* 9a)
llave – Schlüssel (9a)
llegar a + *Inf* – schließlich tun (7c)
llevar – mitnehmen (5b)
llover – regnen (8b)
lluvia – Regen (8b)
localidad – Theaterkarte (5b)
loco, -a – verrückt (*10b*)
locutor – Sprecher (1a)
lo, los, las – das, die (1c, 5c)
lo siento – es tut mir Leid (1c)
luego – dann, danach (5b)
lugar – Ort (2b)
lugar – (en primer ~) – zuerst (3b)
lunes – Montag (4a)

M

madre – Mutter (*5a*)
madrileño, -a – aus Madrid (2a)
madrugar – früh aufstehen (10c)
Maestranza – *Stierkampfarena in Sevilla* (6b)
mal – Übel (5c)
malo, -a – schlecht (8a)
mañana – morgen (*2a,* 4a)
mandar – schicken (3a)
mano – Hand (9b)
mantequilla – Butter (*10c*)
maquillaje – Make-up (7a)
mar – Meer (4b)

marcharse – wegfahren (8a)
marido – Ehemann (5a)
mariscos – Meeresfrüchte (*9c*)
marzo – März (8b)
más – mehr (2b)
más o menos – es geht so (*1a*)
matinal – früh (10c)
matrimonio – Ehe (5c)
mayo – Mai (8b)
mayor – größer (3a)
me – mir, mich (5c)
medicina – Medizin (4a)
media – halb (4a)
medianoche – Mitternacht (10a)
médico naturista – Naturheilkundler (4a)
medida de seguridad – Sicherheitsmaßnahme (6a)
medio, -a – halb, Mittel- (*4b*)
mediodía – Mittag (*10c*)
medir – groß sein, messen (7b)
mejor – besser (3b)
menos – weniger (4a, 10c)
mensaje – Nachricht (9a)
mentira – Lüge (10b)
mercado – Markt (9b)
mes – Monat (*7c*, 8b)
mesa – Tisch (*8a*)
metro – Meter (7b, *9b*)
miércoles – Mittwoch (4a)
millón – Million (10a)
ministro – Minister (6a)
minuto – Minute (2b)
mirarse – sich anschauen (8a)
misterioso, -a – geheimnisvoll (8a)
mi – mein (*1b*, 3a)
mí – mir (6b)
modelo – Fotomodell (7b)
momento – Moment (5a)
monumento – Monument (1c)
morder – beißen (7c)
mucho, -a – viel (*1c*, 3b)
muerte – Tod (8a)
muerto – tot (10b)
mujer – Frau (1a, *5a*)
multa – Strafe (*9a*)
mundo – Welt (7a)
museo – Museum (*1c*, 2c)
muy – sehr (*1a*, 2c)

N

nada – nichts (7c)
nadar – schwimmen (*6b*)
nadie – niemand (10b)
natación – Schwimmen (6b)
necesitar – benötigen (4b)
negro, -a – schwarz (6b)
nervioso, -a – nervös (1a)
ninguno/a – keine/r (10b)
niño, niña – Junge, Mädchen (3b)
no – nein, nicht (1b, 2b)
noche – Nacht (1a)
nombre – Name (1b)
norte – Norden (*1b*)
nos – uns (5c)
nosotros, -as – wir (1a)
nota – Rechnung (9c)
noticia – Nachricht (6a)
novela – Roman (8a)
noviembre – November (8b, 8c)
no... ni... – weder ... noch (2b)
nuestro, -a – unser/e (1a)
nuevo – (de ~) – erneut (4a)
número – Nummer (3a)
nunca – nie (10b)

O

o – oder (1b)
objetivo, -a – objektiv (10c)
obra – Werk, Stück (5b)
obrero, -a – Arbeiter/in (*4a*)
occurir – geschehen (8a)
octubre – Oktober (8b)
odiar – hassen (5c)
odio – Hass (8a)
oeste – Westen (*1b*)
oiga, oigame – Hallo (sagt der Anrufer) (*3a*, 3b)
oír – hören (3b)
ojo – Auge (*10b*)
¡ojo! – Achtung! (5c)
olvidar – vergessen (10b)
ópera – Oper (2b)
operación – Operation (6a)
opinión – Meinung (3a)
organizador – Veranstalter (6b)
os – euch (5c)
otro, otra – andere/r (6a)
oyente – Hörer (3a)

P

padre, -s – Vater/Eltern (5a)
paella – *Reispfanne* (*9c*)
pagar – Wort bezahlen (*7b*)
palabra – (5c)
pan – Brot (*9c*)
par – Paar (*7b*)
para – für (1c, 4a)
paradisíaco, -a – paradiesisch (4b)

paraíso – Paradies (4b)
parada – Haltestelle (*9b*)
paraguas – Regenschirm (8b)
parar – aussehen (*10b*)
parecer – scheinen (5c)
parque – Park (*1c*)
parte – Teil, Seite (9a)
participante – Teilnehmer/in (1a)
participar – teilnehmen (3a)
partido – Partei (*6a,* 6b)
pasado – vergangen (*7c*)
pasado mañana – übermorgen (*2a*)
pasar – verbringen (7b)
pasarlo mal – schlecht gehen (10b)
pasearse – spazieren gehen (8a)
pasión – Leidenschaft (8b)
paso – Schritt (5c)
patata – Kartoffel (9c)
patronal – Arbeitgeber (6a)
paz – Ruhe, Frieden (10a)
pedir – bitten (7c, 9c)
peinado – Frisur (7a)
película – Film (5a)
pelo – Haar (7a)
peluquería – Friseurgeschäft (7a)
peluquero, -a – Friseur/in (7a)
pensar – denken (3b)
pequeño, -a – kleine/r (*1c,* 7a)
perder – verlieren (6b)
perdonar – verzeihen (10b)
periódico – Zeitung (*2b,* 7c)
periodista – Journalist/in (4a)
permanente – Dauerwelle (*7a*)
permiso de conducir – Führerschein (*9a*)
pero – aber (2a)
perro – Hund (7c)
persona – Person (*9c*)
personaje – Person, Gestalt (10a)
pescado – Fisch (9c)
pescador – Fischer (4b)
pie – Fuß (4b)
pintor – Maler (7c)
piscina – Schwimmbad (*4b*)
Piscis – Fisch (8c)
plancha – (a la ~) – gegrillt (*9c*)
plato – Gericht (9c)
plato del día – Tagesgericht (9c)
playa – Strand (4b)
plaza – Platz (9b)
poco – wenig (1a)
poder – können (3a)
policía – Polizei (10c)
política – Politik (5c)
político – Politiker (5c)
póliza de seguro – Versicherungspolice (*9a*)
pollo – Reis (*9c*)
poner – nehmen (6b)
por – für (4a, 6a, 6b)
por culpa de – wegen (8b)
por favor – bitte (*3a,* 9a)
porque – weil (3b)
¿por qué? – warum? (3b)
por supuesto – natürlich (2a)
porvenir – Zukunft (6b)
posible – möglich (9a)
postal – Postkarte (*3a*)
postre – Nachtisch (9c)
practicar – (be-)treiben (*6b*)
precio – Preis (4b)
preferir – vorziehen, lieber mögen (*3b*)
pregunta – Frage (1c)
preparado, -a – bereit (1c)
presentar – vorstellen (4a)
presidente – Präsident (6a)
pretender – behaupten (9a)
previsto, -a – vorgesehen (10a)
primero, -a – erster/erste (1a)
primero – zuerst (5b)
princesa – Prinzessin (6a)
probador – Ankleidekabine (7b)
probar – anprobieren (7b)
problema – Problem (9b)
profesor, -a – Lehrer (7c)
programa – Programm (3a)
programación – Programm (10c)
prometer – versprechen (10b)
pronto – bald (2c)
proponer – vorschlagen (5c)
protestar – protestieren (6a)
proyecto – Projekt (5b)
público – Publikum (5b)
pueblecito – kleines Dorf (4b)
pueblo – Dorf (*1c*)
pues – dann (2c)
puesto – (poner) – Platz, Stelle (10c)
punta – Spitze (*7a*)
punto – (en ~) – genau, pünktlich (4a)
puntual – pünktlich (9c)

Q

que – dass (2a)
quedar – bleiben (5a)
quemadura de sol – Sonnenbrand (*8c*)
querer – wollen, möchten, lieben (*3a,*3b,*10b*)
¡qué...! – was für ein/e ...! (5b)
¿qué...? – was? (1a)
¡qué pena! – wie schade! (2c)
¿qué tal? – wie geht's? (1a)

¡qué va! – ach nee! ach was! (*2c*, 7a)
¿quién? – wer? (8a)
quizás – vielleicht (9a)

R

radio – Radio (1a)
realmente – wirklich (10a)
recado – Nachricht (*9a*)
recibir – bekommen (9a)
recomendar – empfehlen (*9c*)
recordar – sich erinnern (7c)
recto – gerade (*9b*)
recuerdo – Erinnerung (8b)
refrescante – erfrischend (10c)
refrescar – erfrischen (8b)
regresar – zurückbekommen (9a)
regular – so lala (*1a*)
relación – Beziehung (5a)
religioso, -a – religiös (1c)
reparación – Reparatur (*9a*)
repetir – wiederholen (3a)
representante – Vertreter (6a)
reservar – reservieren (*8a*)
responder – antworten (2b)
responsable – verantwortlich (9a)
respuesta – Antwort (9a)
restaurante – Restaurant (9b)
resultado – Ergebnis (6a)
retorno – Rückkehr (6a)
reunificación – Wiedervereinigung (*6a*)
revolución – Revolution (6b)
ridículo, -a – lächerlich (3b)
rojiblanco, -a – rotweiß (6b)
rojo, -a – rot (6b)
romano, -a – römisch (1c)
romana – (a la ~) – paniert (*9c*)
ron – Rum (*8a*)
rosado – Rosé (*9c*)

S

sábado – Samstag (4a)
saber – wissen (2b)
Sagitario – Schütze (8c)
sagrado, -a – heilig (1c)
salarial – Gehalts- (6a)
salario – Gehalt (6a)
salir – hinausgehen (6a)
salud – Gesundheit (4a)
sandalias – Sandalen (*7b*)
secar – fönen (*7a*)
segundo, -a – zweite/r (1c)
seguridad – Sicherheit (6a)
seguridad social – Sozialversicherung (6a)
seguro, -a – sicher (10b)
selección – Mannschaft (6b)
sello – Briefmarke (*3a*)
semáforo – Ampel (9b)
semana – Woche (*4b*, 6b)
señor, -a – Herr/Frau (2a, 2c, 3b)
señorita – Fräulein (9a)
sentir – bedauern (1c, 7c)
sentirse – sich fühlen (*8b*)
separado, -a – getrennt (*5a*)
se – sich (2b)
separar – trennen (10b)
septiembre – September (8b)
serio, -a – ernsthaft (*3b*, 10c)
ser – sein (1b)
servir – auftragen, bedienen (9c)
si – wenn, doch (2a)
sí – ja (1a)
siempre – immer (7b)
signo – Zeichen (8a)
simpático – sympathisch (5c)
simple – einfach (3a)
sincero, -a – ehrlich (5c)
sin – ohne (*4b*, 6b)
sindical – Gewerkschafts- (6a)
sitio – Platz, Ort (10c)
sobre – über (5a)
socialista – sozialistisch (*6a*)
social – sozial (6a)
¡socorro! – Hilfe! (6a)
sol – Sonne (4b)
solo, -a – allein (*5a*)
sólo – nur (*7a*)
soltero, -a – ledig (*5a*, 5b)
sombrero – Hut (7b)
soñar – träumen (3a)
sopa – Suppe (*9c*)
soportar – ertragen (5c)
sorpresa – Überraschung (8b)
su – sein/e, ihr/e (3a)
sudar – schwitzen (*8b*)
suegra – Schwiegermutter (8b)
sur – Süden (*1b*)

T

tablao – *Flamenco-Lokal* (*8a*)
taller – Werkstatt (*9a*)
tal vez – vielleicht (9a)
también – auch (3a)
tampoco – auch nicht (10b)
tan – so (10a)
tan... como – so ... wie (10c)
tardar – dauern (*3a*)
tarde – spät (1a, 4a, 9a)
tarjeta de crédito – Kreditkarte (*7b*)

Tauro – Stier (8c)
te – dir, dich (5c)
teatro – Theater (5b)
telefonear – telefonieren (9a)
telefónico, -a – telefonisch (3a)
teléfono – Telefon (*3a*)
tener – haben (*4b,* 5a)
  tener calor – heiß sein (8b)
  tener frío – kalt sein (*8b*)
  tener que – müssen (9b)
tenis – Tennis (*6b*)
terminal – Bahnhof (*9b*)
terminar – beenden (5b)
terraza – Terrasse (4b)
terrenal – irdisch (4b)
ti – dir, dich (6b, 8c)
tiempo – Wetter, Zeit (8b, 10a)
tienda – Laden (7b)
tinto – rot (für Wein) (9c)
título – Titel (5a)
todavía – noch (2b)
todo, -os, -as – alle (3a, 5a)
todos los días – jeden Tag (*7c*)
todo recto – geradeaus (*9b*)
tomar – nehmen (*8a,* 10a)
tontería – Dummheit (5c)
tonto, -a – dumm (2c)
torero – Stierkämpfer (6b)
toro – Stier (6b)
tortilla – *Kartoffel-Eier-Gericht* (*9c*)
tos – Husten (*8c*)
trabajar – arbeiten (1b)
trabajo – Arbeit (6a)
traer – bringen (9c)
tranquilo, -a – ruhig, leise (1a)
transformar – verändern, verwandeln (7a)
tratarse – sich handeln um (2b)
trato – Vertrag, Geschäft (10a)
tren – Zug (4b, *9b*)
triste – traurig (7b)
tu – dein (1b, 3a)
tú – du (1a)

U

último, -a – letzte/r (10a)
un, una, uno – ein/e (*1c,* 2b, 3a)
un poco – ein bißchen, ein wenig (1a)
usted, -es – Sie (1a)
útil – nützlich (10c)

V

vacaciones – Urlaub, Ferien (4b)
vale – einverstanden (1b)
¡vaya! – na so was! schade! (1c)
¡vaya pregunta! – was für eine dumme Frage! (2c)
vecino, -a – Nachbar/in (8b)
vengar – rächen (8a)
venir – kommen (8b)
ver – sehen (5a)
verdad – Wahrheit (2c)
verdadero, -a – wahr (4b)
verse – sich treffen (9b)
vestido – Kleid (7b, 9b)
vez – Mal (9c, 10c)
viajar – reisen (8a)
vida – Leben (5c)
vida mía – Liebling (*10b*)
viejo, -a – alt (8b)
viento – windig (*8b*)
viernes – Freitag (4a)
vino – Wein (9c)
Virgo – Jungfrau (8c)
visitar – besuchen (5c)
vista – Blick (4b, 8b)
vivir – leben (2a)
vocación – Berufung (7c)
volver – zurückfahren (5b)
vosotros, -as – ihr (1a)
voz – Stimme (10a)
vuelta – Rundfahrt (6b)
vuestro, -a – eure, euer (3a)

W

whisky – Whisky (*8a*)

Y

y – und (1b)
ya – schon (2b)
ya sé – ich weiß schon (2b)
yo – ich (1a, 3b)

Z

zapato – Schuh (7b)